Couverture inférieure manquante

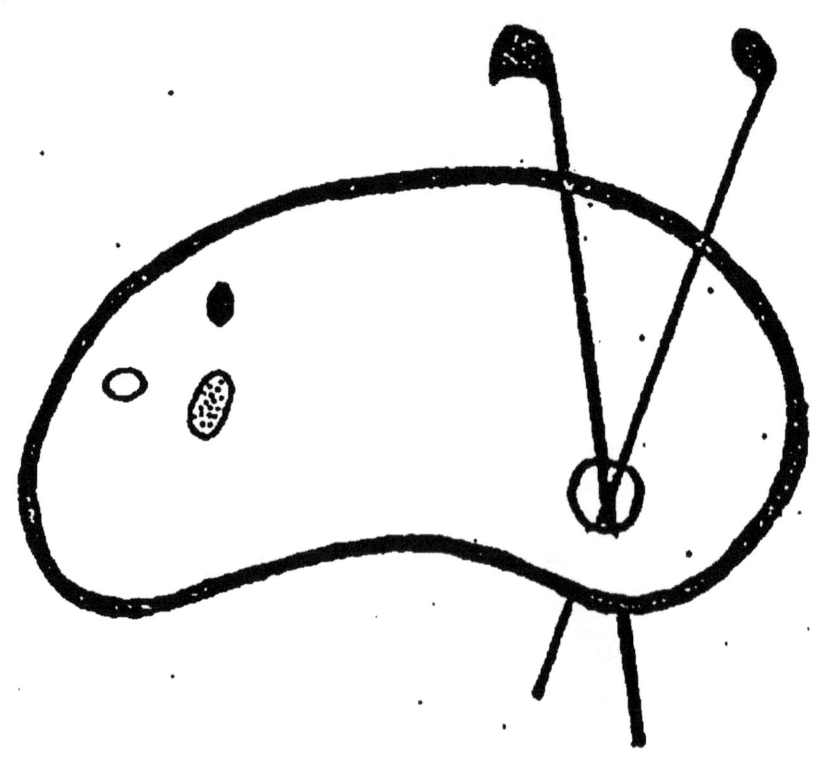

DÉBUT D'UNE SÉRIE DE DOCUMENTS
EN COULEUR

CONGRÈS DES TYPHLOPHILES

ORGANISÉ PAR

LA LIGUE POUR LA PRÉVENTION DE LA CÉCITÉ ET POUR LE BIEN DES AVEUGLES

AVEC LE CONCOURS DE

SYNDICAT GÉNÉRAL DES OCULISTES FRANÇAIS ; INSTITUTION NATIONALE DES JEUNES AVEUGLES ; ASSOCIATION VALENTIN HAÜY ; INSTITUT DÉPARTEMENTAL DES AVEUGLES DE LA SEINE (ÉCOLE BRAILLE) ; SOCIÉTÉ DES ATELIERS D'AVEUGLES ; SOCIÉTÉ DE PLACEMENT ET DE SECOURS DES ÉLÈVES DE L'INSTITUTION NATIONALE DES JEUNES AVEUGLES ; UNION DES TRAVAILLEURS AVEUGLES ; SOCIÉTÉ D'ASSISTANCE ET DE PATRONAGE DES AVEUGLES DU RHONE · INSTITUT RÉGIONAL ET ÉCOLE PROFESSIONNELLE DES AVEUGLES DE DIJON ; SOCIÉTÉ DE PATRONAGE DES AVEUGLES DU NORD, ETC.

PARIS 2-5 MAI 1910

I

RAPPORTS

PARIS

LIGUE POUR LA PRÉVENTION DE LA CÉCITÉ
ET POUR LE BIEN DES AVEUGLES
14, Rue Saint-Guillaume

1910

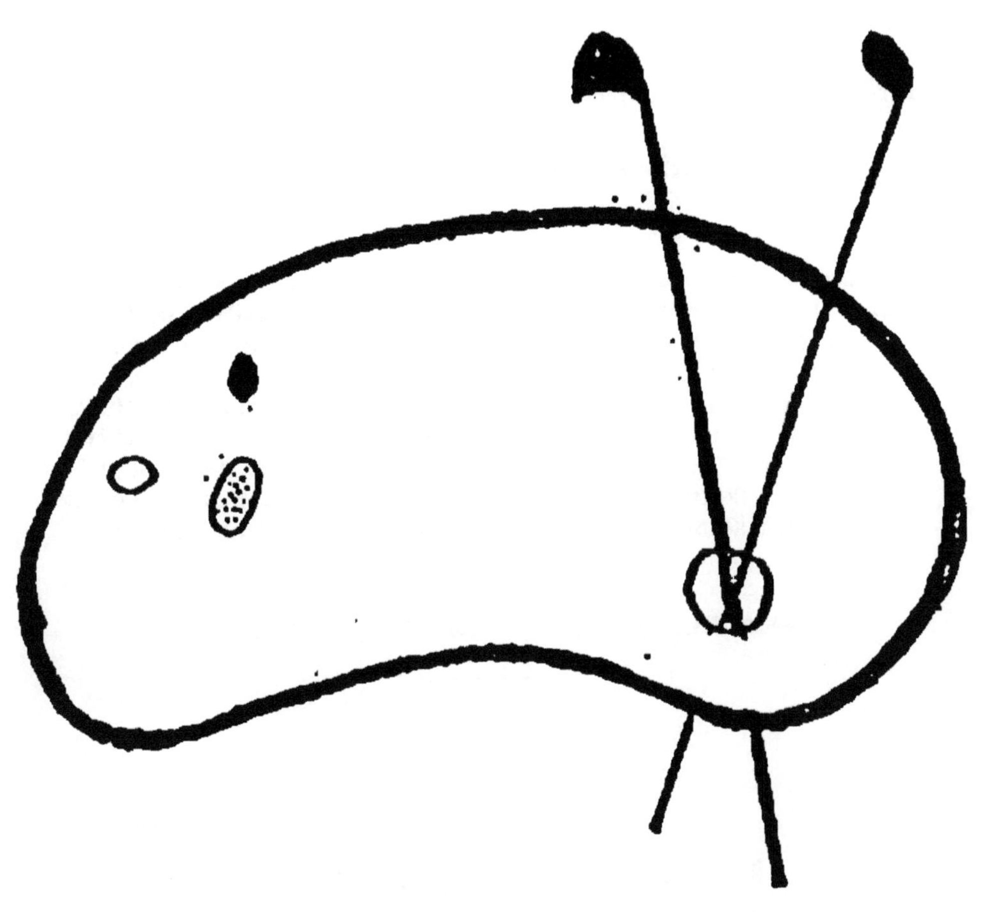

FIN D'UNE SERIE DE DOCUMENTS
EN COULEUR

CONGRÈS DES TYPHLOPHILES

ORGANISÉ PAR

LA LIGUE POUR LA PRÉVENTION DE LA CÉCITÉ ET POUR LE BIEN DES AVEUGLES

AVEC LE CONCOURS DE

SYNDICAT GÉNÉRAL DES OCULISTES FRANÇAIS ; INSTITUTION NATIONALE DES JEUNES AVEUGLES ; ASSOCIATION VALENTIN HAÜY ; INSTITUT DÉPARTEMENTAL DES AVEUGLES DE LA SEINE (ÉCOLE BRAILLE) ; SOCIÉTÉ DES ATELIERS D'AVEUGLES ; SOCIÉTÉ DE PLACEMENT ET DE SECOURS DES ÉLÈVES DE L'INSTITUTION NATIONALE DES JEUNES AVEUGLES ; UNION DES TRAVAILLEURS AVEUGLES ; SOCIÉTÉ D'ASSISTANCE ET DE PATRONAGE DES AVEUGLES DU RHONE · INSTITUT RÉGIONAL ET ÉCOLE PROFESSIONNELLE DES AVEUGLES DE DIJON ; SOCIÉTÉ DE PATRONAGE DES AVEUGLES DU NORD, ETC.

PARIS 2-5 MAI 1910

I

RAPPORTS

PARIS

LIGUE POUR LA PRÉVENTION DE LA CÉCITÉ ET POUR LE BIEN DES AVEUGLES
14, Rue Saint-Guillaume

1910

PRÉSIDENTS D'HONNEUR

MM. LE MINISTRE DE L'INTÉRIEUR, Président du Conseil des Ministres ;

LE MINISTRE DE L'INSTRUCTION PUBLIQUE ;

LE MINISTRE DES TRAVAUX PUBLICS ;

LE PRÉSIDENT DU CONSEIL MUNICIPAL DE PARIS.

COMITÉ DE PATRONAGE

MM. MIRMAN, directeur de l'Assistance et de l'Hygiène publiques au Ministère de l'Intérieur ;

ETIENNE, vice-président de la Chambre des députés ;

DE SELVES, sénateur, préfet de la Seine ;

MM. BEAUVISAGE,
Léon BOURGEOIS,
JEANNENEY,
LABROUSSE,
PIC-PARIS,
STRAUSS,
} Sénateurs.

MM. ARAGO,
PAUL BERTRAND,
BOUVERI,
Ferdinand BUISSON,
CHAUTARD,
DEFONTAINE,
DRON,
DU HALGOUET,
MUTEAU,
QUILBEUF,
RABIER,
THIVRIER,
TOURNADE.
} Députés.

COMITÉ D'ORGANISATION

Président :

M. G. BONJEAN, magistrat, président de la Ligue pour la Préservation de la Cécité et pour le Bien des Aveugles.

Vice-Présidents :

M. le Docteur MOTAIS, membre correspondant de l'Académie de Médecine, professeur à l'Ecole de Médecine d'Angers, président du Syndicat général des Oculistes français, membre du Comité permanent d'études pour la Préservation de la Cécité et l'Assistance aux Aveugles.

M. VAUGHAN, directeur de l'Hospice national des Quinze-Vingts, vice-président de la Ligue pour la Préservation de la Cécité et pour le Bien des Aveugles, membre du Comité permanent d'Etudes pour la Préservation de la Cécité et l'Assistance aux Aveugles.

Secrétaires généraux :

M. L. BONJEAN, avocat, secrétaire général de la Ligue pour la Préservation de la Cécité et pour le Bien des Aveugles.

M. le Docteur F. COSSÉ, oculiste de l'Hospice général de Tours, secrétaire général du Syndicat général des Oculistes français, membre du Comité permanent d'Etudes pour la Préservation de la Cécité et l'Assistance aux Aveugles.

Délégué général :

M. FREYSSINIER, aveugle, membre du Comité permanent d'Etudes pour la Préservation de la Cécité et l'Assistance aux Aveugles.

MEMBRES DU COMITÉ

M. Alberti, membre du Conseil d'Administration de la Ligue pour la Préservation de la Cécité et le Bien des Aveugles.

M. le Docteur Armaignac, de Bordeaux, membre du Conseil d'Administration du Syndicat général des Oculistes français.

M. le Docteur Assicot, de Rennes, id.

M. le Docteur Aubineau, de Brest, id.

M. le Docteur d'Ayrenx, de Paris, id.

M. Belin, membre du Conseil d'Administration de la Ligue pour la Préservation de la Cécité et le Bien des Aveugles.

M. Berthod, secrétaire général de la Société des Ateliers d'Aveugles.

M. le Docteur Bessonnet, de Poitiers, membre du Conseil d'Administration du Syndicat général des Oculistes français.

M. Blazy, membre du Conseil d'Administration de l'Association Valentin Haüy.

Mme Louis Bonjean, membre du Conseil d'Administration de la Ligue pour la Préservation de la Cécité et le Bien des Aveugles.

M. le Docteur Bourgeois, de Reims, vice-président du Syndicat général des Oculistes français, membre du Comité permanent d'Etudes pour la Préservation de la Cécité et l'Assistance aux Aveugles.

M. Boyer, membre du Conseil d'Administration de la Ligue pour la Préservation de la Cécité et le Bien des Aveugles, membre du Comité permanent d'Etudes pour la Préservation de la Cécité et l'Assistance aux Aveugles, directeur de l'Institut régional d'aveugles de Dijon.

M. le Docteur Brunschsvig, membre du Conseil d'Administration du Syndicat général des Oculistes français.

M. de Buxeuil, membre du Conseil d'Administration de la Ligue pour la Préservation de la Cécité et le Bien des Aveugles.

Mme de Buxeuil, id.

M. le Docteur Cahon, id.

M. le Docteur Caillaud, de Paris, membre du Conseil d'Administration du Syndicat général des Oculistes français.

M. le Docteur Chevalier, du Mans, id.

M. le Docteur Clavelier, de Toulouse, id.

M. Cohen, banquier, trésorier de la Ligue pour la Préservation de la Cécité et pour le Bien des Aveugles.

M. Paul COMBY, avocat, membre du Conseil d'Administration de la Ligue pour la Préservation de la Cécité et pour le Bien des Aveugles.

M. CONSONNI, avocat, id.

M. COUILLARD, membre du Comité permanent d'Etudes pour la Préservation de la Cécité et l'Assistance aux Aveugles, professeur à l'Ecole d'aveugles d'Amiens.

M. le Docteur DAULNOY, secrétaire adjoint du Syndicat général des Oculistes français.

M. le Docteur DEHENNE, de Paris, membre du Conseil d'Administration du Syndicat général des Oculistes français.

Mme la baronne DELORT DE GLION, membre du Conseil d'Administration de la Ligue pour la Préservation de la Cécité et le Bien des Aveugles.

M. le Docteur DESBRIÈRES, de Limoges, membre du Conseil d'Administration du Syndicat général des Oculistes français.

M. le Docteur DESCHAMPS, de Grenoble, id.

M. le Docteur DOLARD, secrétaire général de la Société d'Assistance et de Patronage des Aveugles du Rhône.

M. le Docteur DUBOYS DE LAVIGERIE, membre du Conseil d'Administration du Syndicat général des Oculistes français.

Mlle EXTRAIT, directrice de l'Ecole des Aveugles de Lyon-Villeurbanne.

M. le Docteur FAGE, d'Amiens, membre du Conseil d'Administration du Syndicat général des Oculistes français.

M. le Docteur FARNARIER, de Marseille, id.

M. FOURNIER.

Mme FREYSSINIER, membre du Conseil d'Administration de la Ligue pour la Préservation de la Cécité et le Bien des Aveugles.

M. le Docteur GENDRON, de Lorient, trésorier du Syndicat général des Oculistes français.

M. GILLE, directeur de l'Institut départemental des Aveugles de la Seine.

M. GIRARDET, membre du Conseil d'Administration de la Ligue pour la Préservaiton de la Cécité et le Bien des Aveugles.

M. le Docteur GIRAUD, membre du Conseil d'Administration du Syndicat général des Oculistes français.

M. le Docteur HENNART, de Lille, id.

M. JOURDAN, trésorier honoraire de l'Association Valentin Haüy.

M. LABBÉ, membre du Conseil d'Administration de la Ligue pour la Préservation de la Cécité et le Bien des Aveugles.

M. LAFONTAINE, directeur de l'Ecole des Aveugles de Lyon-Villeurbanne.

M. le Docteur LAGRANGE, de Bordeaux, vice-président du Syndicat général des Oculistes français.

M. le Docteur LANDOLT, oculiste de l'Institution nationale des Jeunes Aveugles.

M. le Docteur Marc LANDOLH, oculiste-adjoint de l'Institution nationale des Jeunes Aveugles.

M. LANG, membre du Conseil d'Administration de la Ligue pour la Préservation de la Cécité et le Bien des Aveugles.

Mme LANGUILLAT, institutrice à l'Institution nationale des Jeunes Aveugles.

M. LAVANCHY-CLARKE, fondateur de la Société des Ateliers d'aveugles.

M. LOTZ, membre du Comité permanent d'Etudes pour la Préservation de la Cécité et l'Assistance aux Aveugles.

M. MAHAUT, président de la Société de Placement et de Secours des Anciens élèves de l'Institution nationale des Jeunes Aveugles, membre du Comité permanent d'Etudes pour la Préservation de la Cécité et l'Assistance aux Aveugles.

Comte HUMBERT DE MARCIEU, membre du Conseil d'Administration de l'Association Valentin Haüy.

M. le Docteur MESNARD, membre du Conseil d'administration de la Ligue pour la Préservation de la Cécité et le Bien des Aveugles.

Mme MESNARD, id.

M. le Docteur DE MILLY, d'Orléans, membre du Conseil d'Administration du Syndicat général des Oculistes français.

M. MONTÉGUT, publiciste, membre du Comité permanent d'Etudes pour la Préservation de la Cécité et l'Assistance aux Aveugles.

M. le Docteur MORAX, président de la Société des Ateliers d'Aveugles.

M. le Docteur PAPILLON, membre du Conseil d'Administration de la Ligue pour la Préservation de la Cécité et le Bien des Aveugles.

M. le Docteur PÉCHIN, vice-président du Syndicat général des Oculistes français.

M. le Docteur PERCHERON, trésorier de la Société des Ateliers d'aveugles.

M. PERRIN, président de la Société d'Assistance et de Patronage des Aveugles du Rhône.

M. Paul REMY, trésorier de l'Union des Travailleurs Aveugles, membre du Comité permanent d'Etudes pour la Préservation de la Cécité et l'Assistance aux Aveugles.

M. le Docteur ROCHON-DUVIGNEAUD, membre du Conseil d'Administration du Syndicat général des Oculistes français.

M. le Docteur ROHMER, de Nancy, id.

M. le Docteur ROLLET, de Lyon, id.

M. le Docteur Sauvineau, vice-président du Syndicat général des Oculistes français.

M. de la Sizeranne, secrétaire général de l'Association Valentin Haüy, membre du Comité permanent d'Etudes pour la Préservation de la Cécité et l'Assistance aux Aveugles.

M. le Docteur Sourdille, de Nantes, membre du Conseil d'Administration du Syndicat général des Oculistes français.

M. Tabarit, membre du Conseil d'Administration de la Ligue pour la Préservation de la Cécité et le Bien des Aveugles.

Mme Tabarit, id.

M. le Docteur Truc, de Montpellier, membre du Conseil d'Administration du Syndicat général des Oculistes français.

M. Vacquerie, secrétaire du Comité permanent d'Etudes pour la Préservation de la Cécité et l'Assistance aux Aveugles.

M. le Docteur Valois, de Moulins, membre du Conseil d'Administration du Syndicat général des Oculistes français.

M. le Docteur Valude, médecin oculiste de la Clinique nationale des Quinze-Vingts.

Mme .Vaughan, membre du Conseil d'Administration de la Ligue pour la Préservation de la Cécité et le Bien des Aveugles.

M. Vigneau, id.

M. Willey, membre du Comité permanent d'Etudes pour la Préservation de la Cécité et l'Assistance aux Aveugles.

M. Vieilhomme, conservateur du Musée Valentin Haüy.

M. Winter, directeur de l'Institution Nationale des Jeunes Aveugles, membre du Comité permanent d'Etudes pour la Préservation de la Cécité et l'Assistance aux Aveugles.

M. le Docteur Yvert, de Dijon, membre du Conseil d'Administration du Syndicat général des Oculistes français.

RÈGLEMENT DU CONGRÈS

La séance d'ouverture sera réservée aux discours du Président de séance, du Président du Comité et aux Conférences prévues. Les congressistes ne pourront pas prendre la parole ni ouvrir de discussion à cette séance.

Les séances suivantes seront à tour de rôle présidées par un Président désigné par l'Assemblée, sur la proposition qui sera faite par le Comité d'organisation.

Le Président de séance sera assisté d'un congressiste aveugle désigné dans les mêmes conditions et des membres du Bureau du Comité d'organisation.

La police de l'Assemblée appartient au Président de séance : nul ne peut y prendre la parole sans son autorisation.

Les délibérations sont prises à la majorité des membres présents.

Les votes seront pris à main levée.

Toutefois, qunad le vote par bulletin sera réclamé par vingt membres présents, il sera de droit.

Les rapporteurs résumeront brièvement leur rapport et donneront lecture des conclusions.

Les conclusions des rapports seront soumises à la discussion ainsi que les vœux destinés à signaler aux pouvoirs publics les desiderata des membres du Congrès.

Les orateurs qui prendront part à la discussion ne pourront occuper la tribune plus de dix minutes chacun et ne prendre la parole plus de deux fois sur le même sujet.

Les congressistes qui désireront faire des communications sur des sujets non prévus dans les rapports pourront se faire inscrire auprès d'un des secrétaires généraux pendant toute la durée du Congrès.

Ces communications viendront dans leur ordre d'inscription à la suite des communications inscrites au programme.

Les orateurs ayant pris la parole au cours du Congrès sont priés de remettre à l'un des secrétaires généraux un résumé de leurs discussions ou communications, qui sera inséré dans le Compte Rendu des séances du Congrès.

I

PRÉSERVATION DE LA CÉCITÉ

LA CÉCITÉ

CAUSÉE

PAR L'OPHTALMIE DES NOUVEAU-NÉS

ET

LES MOYENS DE LA COMBATTRE

RAPPORT

Présenté par M. le Docteur E. VALUDE

Médecin de la Clinique des Quinze-Vingts

Messieurs,

En me confiant la rédaction de ce rapport, le Comité du Congrès des Typhlophiles m'a fait un honneur dont je suis profondément touché.

Je n'aurai rien de nouveau à formuler, car il a été beaucoup écrit déjà sur ces matières ; je m'efforcerai simplement de mettre au point la question et de coordonner les vœux de tous les médecins et hygiénistes qui se sont occupés de la prophylaxie de l'ophtalmie des nouveau-nés.

Un rapport sur les moyens de combattre la cécité causée par l'ophtalmie des nouveau-nés vient certainement à son heure, car cet important problème est partout à l'étude et peu de nations l'ont encore résolu d'une manière satisfaisante.

Hâtons-nous de déclarer qu'en France, un effort décisif a

été fait l'année dernière par le Ministre de l'Intérieur dans le sens favorable à la question qui nous occupe. Nous rappelerons et commenterons plus loin la circulaire adressée par M. Clemenceau aux préfets ainsi que le rapport qui fut présenté par M. Cosse au Comité permanent d'étude pour l'assistance aux aveugles, au nom de la Commission de préservat'on de la cécité issue de ce Comité.

Il n'est pas, en effet, de question plus pressante pour le Comité d'assistance aux aveugles que celle de chercher à prévenir aussi bien qu'à combattre l'ophtalmie des nouveau-nés dont la fréquence est encore trop grande.

Son danger en outre est tel, malgré l'excellence des traitements, que nous pouvons dire, quelle que soit la variabilité des statistiques à cet égard, que cette maladie compte pour une part prépondérante parmi les causes de la cécité.

Certes, elles sont loin de nous les statistiques affreuses que produisait le Dr Daumas au Congrès universel pour l'amélioration du sort des aveugles en 1878 et d'après lesquelles sur 1.178 aveugles 817 relevaient de l'ophtalmie des nouveau-nés. Cependant, il y a quelques années, recherchant la part qui revient à cette maladie, Magnus donne encore pour l'Allemagne un pourcentage élevé (38.78 %) et Fuchs qui opère en Autriche 23.5 %. S. Snell pour l'Angleterre a trouvé 30% et Prince 19.8% dans sa statistique faite sur les aveugles de l'Illinois (État-Unis). Le chiffre publié par Trousseau dans son rapport de 1902 à la Société française d'Ophtalmologie, quoique de beaucoup plus bas, est encore de 9 % pour la cécité binoculaire et de 13 % pour la cécité monoculaire causées en France par l'ophtalmie des nouveau-nés.

Le pourcentage même inférieur de Trousseau place encore, d'après ses propres calculs, l'ophtalmie des nouveau-nés au troisième rang parmi les causes de la cécité. Et si l'on se souvient qu'il existe en France environ 30.000 aveugles (31.966, rapport de Trousseau ; 27.200, rapport récent de la 2e sous-commission du Comité d'Assistance aux aveugles), on comprendra le puissant intérêt de la Société à combattre une maladie capable de jeter 3.000 infirmes sur le sol français, surtout si l'on songe que cette maladie est une de celles qui peuvent être victorieusement combattue.

« L'ophtalmie purulente des nouveau-nés peut et doit disparaître de tout pays civilisé », tel est l'aphorisme qu'émet Hermann Cohn dans son travail sur la prophylaxie de l'ophtalmie, et la réalisation en est assurément possible. Certaines nations, comme la Norwège, la Suède, où les règles de l'hygiène publique sont soigneusement édictées et strictement appliquées, ont déjà obtenu à cet égard des résultats très satisfaisants, car l'ophtalmie des nouveau-nés a presque disparu de chez elles.

Pour assurer de semblables avantages à la France, il suffirait de peu de choses, car le principal est obtenu, puisque maintenant on connait de façon ferme et le moyen de traiter l'ophtalmie des nouveau-nés et surtout celui de la prévenir.

Notre dessein, dans ce rapport, est de traiter surtout des moyens administratifs, de l'organisation propre à combattre l'ophtalmie des nouveau-nés. Nous ne nous étendrons donc pas sur le côté médical de la question, qui a été tant discuté et qui est maintenant suffisamment établi.

Nous rappellerons seulement en peu de mots et par quelques chiffres l'importance du traitement prophylactique et dirons comment et par qui le traitement curatif doit être institué.

PROPHYLAXIE. — Avant l'inauguration des mesures prophylactiques, la proportion des ophtalmies s'élevait à 10, 12, 15 pour 100 et depuis lors elle a pu tomber à 2.1, 0.1, 0.05 pour 100.

L'application générale de la prophylaxie des nouveau-nés est une mesure comparable à la vaccine dans ses résultats. Aujourd'hui, la méthode prophylactique de l'ophtalmie des nouveau-nés est connue généralement sous le nom de méthode de Crédé, bien que, dès 1875, Bischof eût commencé à préconiser la désinfection simultanée du vagin de la mère et des yeux de l'enfant. Toutefois, Crédé a eu le mérite de fixer définitivement la méthode par l'emploi du nitrate d'argent qui assure la désinfection et est encore aujourd'hui le plus communément employé. Le traitement prophylactique de l'ophtalmie des nouveau-nés par la méthode de Crédé consiste en deux points :

1° Désinfecter le vagin de la mère, avant l'accouchement, par des irrigations répétées au sublimé ;

2° Aussitôt après la naissance, *avant la section du cordon*, essuyer les yeux de l'enfant avec une boulette de coton ; puis, dans les paupières entr'ouvertes, laisser tomber une goutte de nitrate d'argent à 2 p. 100.

Ce précepte d'instiller le nitrate d'argent avant la section du cordon signifie que la plus grande hâte est nécessaire, et Olshausen a montré, par des statistiques, que la proportion d'ophtalmies diminuait de plus de moitié quand la désinfection était faite avant le section du cordon.

En donnant à l'enfant ses premiers bains, on évitera avec soin que ses yeux ne soient souillés par l'eau de ces bains.

Toutes ces mesures seront prises par les sages-femmes appelées à donner à l'enfant les premiers soins.

La prophylaxie de l'ophtalmie des nouveau-nés appartient aux sages-femmes.

L'application de la méthode de Crédé a l'inconvénient d'engendrer souvent un certain catarrhe muco-purulent de la conjonctive qui peut être pris pour un début d'ophtalmie et traité, comme tel, avec trop d'énergie. Pour éviter ce dommage, j'ai essayé autrefois dans le service d'accouchements de Tarnier de remplacer l'instillation d'argent par l'insufflation de la poudre d'iodoforme et j'ai ainsi obtenu d'excellents résultats. M. le professeur Pinard a proposé également de faire tomber dans les yeux quelques gouttes de jus de citron, substance facile à se procurer partout. Bien d'autres substances ont été préconisées.

Il est cependant préférable de s'en tenir à la méthode

pure de Crédé, l'instillation du nitrate d'argent à 2 %, qui a fait ses preuves partout. Comme il est désirable que l'application de cette méthode se généralise, il est essentiel qu'elle soit simple et uniforme.

TRAITEMENT CURATIF. — *Le traitement de l'ophtalmie des nouveau-nés appartient aux médecins.*

Au premier stade, alors qu'il n'existe qu'une sécrétion transparente et pas de pus, suivant la pratique de Horner, on pourra se borner à des irrigations antiseptiques d'attente. Le permanganate de potasse, qui a été préconisé dans l'ophtalmie purulente par Kalt, trouve à cette période un emploi très judicieux ; parfois un ou deux jours d'irrigations ont raison de l'ophtalmie qui montre ainsi qu'elle devait être bénigne. On lavera les yeux soit avec le laveur de Kalt, soit avec une poire en se servant d'une solution tiède de permanganate de potasse à 1/3000.

A la deuxième période de la maladie, avec la suppuration, si les irrigations ne font pas diminuer rapidement la sécrétion, il faudra arriver aux applications de solutions argentiques.

Le choix entre les multiples solutions qui sont actuellement en vogue appartient au médecin, mais pour nous il n'y a pas de doute que le meilleur traitement de l'ophtalmie des nouveau-nés grave consiste à badigeonner soigneusement la muqueuse des culs-de-sacs conjonctivaux, deux fois par jour, avec une solution de nitrate d'argent à 2 ou 3 %.

Le protargol, l'argyrol ou l'électrargol plus récent ne donnent pas autant de sécurité dans les cas graves.

Mesures administratives destinées à assurer la prophylaxie et le traitement de l'Ophtalmie des nouveau-nés.

La méthode prophylactique de l'ophtalmie des nouveau-nés et son traitement, dont nous venons très brièvement de reproduire les traits essentiels, sont certainement bien connus et très vulgarisés ; mais comment l'application en est-elle assurée, ou plutôt comment doit-elle l'être ? C'est ce que nous allons exposer maintenant, et c'est, en somme, l'objet principal de ce rapport.

HISTORIQUE. — Non que la question soit nouvelle, car nous trouvons en 1878, aux comptes rendus du Congrès universel pour l'amélioration du sort des aveugles, un rapport de Marjolin sur ce sujet, et ce rapport eut pour sanction (sanction toute platonique d'ailleurs) le vote des conclusions suivantes :

1° Assimiler la prophylaxie, dans l'ophtalmie en général, aux règlements sur la vaccine ;

2° Édicter une pénalité contre la mère ou la nourrice qui n'aura pas porté son enfant atteint d'inflammation chez le médecin du district ;

3° Joindre des instructions sur cette maladie à tout extrait de naissance ;

4° En rédiger à l'usage des sages-femmes et des gardes-malades et les leur remettre avec leur diplôme ;

5° Recommander ce sujet d'enseignement aux docteurs chargés d'instruire les sages-femmes ;

6° Placer ces notices dans les asiles, mairies et ailleurs.

Si l'on songe qu'à cette époque, la méthode prophylactique actuelle n'était pas encore établie, on avouera qu'il était difficile de faire de meilleures propositions ; elles ne furent, du reste, suivies d'aucun effet immédiat en France.

Les premiers efforts des légistes au sujet de l'ophtalmie des nouveau-nés avaient cependant déjà donné des résultats en Suisse dès 1865, sous l'influence du professeur Horner. Toute sage-femme devait immédiatement avertir les autorités aussitôt qu'elle découvrait un cas d'ophtalmie des nouveau-nés.

En Prusse, des décisions ont été prises à ce sujet en 1878,

mais sans qu'on y attachât de sanctions pénales, et il n'existe pas encore de mesures administratives uniformes pour l'Allemagne entière ; ces mesures sont différentes suivant les différents États et d'ailleurs insuffisants. Le professeur Hess, de Wurzbourg, réclame, notamment pour la Bavière, l'obligation pour les sages-femmes d'appliquer la méthode de Crédé et de faire la déclaration de la maladie ; il demande aussi que des instructions relatives à la maladie soient distribuées aux parents.

En Angleterre, la déclaration de l'ophtalmie n'est pas encore rendue obligatoire et on a surtout cherché à instruire le public par des distributions d'imprimés et par des conférences faites dans les milieux ouvriers.

Aux États-Unis, onze États (grâce à l'initiative du Dr Howe) ont déjà fait une loi obligeant les sages-femmes à déclarer en temps voulu, sous peine d'amende, la maladie des yeux des nouveau-nés, mais cette mesure n'a jamais été entièrement appliquée. La difficulté réside en Amérique dans le recrutement défectueux des sages-femmes dont beaucoup s'arrogent le titre sans en avoir les connaissances.

Ce qui fait précisément la suprématie des États scandinaves, de la Suède et de la Norwège, en matière de prophylaxie des nouveau-nés, c'est que toutes leurs sages-femmes sortent des cliniques obstétricales où elles reçoivent un enseignement très complet.

Elles savent employer, au besoin, la méthode de Crédé et il leur est interdit de continuer à soigner les enfants chez lesquels une ophtalmie se déclare ; elles doivent appeler aussitôt un médecin. D'ailleurs, l'ophtalmie des nouveau-nés est tellement rare dans ces heureux pays, qu'à une circulaire du directeur des affaires médicales demandant, à la date du 31 mars 1908, à tous les médecins chargés d'un service public si l'obligation de la méthode prophylactique de Crédé était désirable, il fut répondu par la négative, tellement cette précaution a paru superflue.

En Russie et en Pologne, la seule mesure administrative

qu'on prenne contre l'ophtalmie des nouveau-nés, consiste dans l'instruction publiée en 1887 par le Conseil suprême médical russe pour les sages-femmes. D'après cette instruction, la sage-femme doit (mais sans qu'il y ait de sanctions pénales comme aux États-Unis) employer la méthode prophylactique de Crédé et, en cas d'ophtalmie déclarée, s'adresser sans délai à un médecin après avoir isolé l'enfant.

En Italie, la déclaration de la maladie est obligatoire pour la sage-femme et une instruction relative aux dangers de l'ophtalmie est remise aux parents lors de la déclaration d'une naissance.

En Espagne, enfin, des mesures analogues sont prises dans quelques villes, grâce à l'initiative des municipalités ou de certains médecins dévoués ; il n'existe pas de mesures administratives générales pour combattre l'ophtalmie des nouveau-nés.

État actuel en France. — En France, la question a fait peu à peu du chemin depuis le rapport de Marjolin en 1878. Dix ans plus tard, en 1888, quelques mesures étaient édictées, mais sans être appuyées de sanctions pénales. Nous rappellerons que la loi sur l'exercice de la médecine en France, à la date du 30 novembre 1892, porte l'obligation de la déclaration de l'ophtalmie des nouveau-nés pour les docteurs en médecine, officiers de santé, ou *sages-femmes*. Cette même loi, dans son article 4, dit que les sages-femmes peuvent prescrire les médicaments après avis de l'Académie de Médecine, ce qui leur permet l'usage du nitrate d'argent pour la prophylaxie de l'ophtalmie.

En 1891, dans une communication à l'Académie de Médecine, j'ai moi-même traité incidemment cette question de la prophylaxie exécutée par les sages-femmes, mais c'est surtout dans le rapport du professeur Pinard qui fut adopté par l'Académie dans sa séance du 16 juillet 1901, que les règles de cette prophylaxie furent définitivement posées.

L'Académie de Médecine proposa au gouvernement :

1° De faire distribuer dans toutes les mairies, avec l'acte de naissance, une courte notice indiquant les causes, les symptômes et les dangers des ophtalmies des nouveau-nés ;

2° De prendre des mesures pour que la déclaration immédiate des ophtalmies purulentes soit faite dans tous les cas et partout en France ;

3° D'attacher à toutes les maisons d'accouchements (cliniques et maternités) des médecins ophtalmologistes chargés de diriger le traitement curatif de l'ophtalmie purulente et de l'enseigner aux élèves médecins et sages-femmes.

L'effet de cette proposition de l'Académie de Médecine se fit attendre huit ans, mais toute récrimination serait superflue, car le Gouvernement a pris, l'année dernière, une décision qui met la France à la meilleure place parmi les nations qui se préoccupent de combattre l'ophtalmie des nouveau-nés.

Nous donnons ici un extrait de la circulaire relative à la prévention de la cécité infantile, qui fut adressée aux préfets le 27 avril 1909, par M. Clemenceau, président du Conseil, ministre de l'Intérieur.

Cet extrait est la partie de la circulaire qui concerne l'ophtalmie des nouveau-nés :

Le Président du Conseil, Ministre de l'Intérieur,
à Messieurs les Préfets,

Parmi les enfants qui deviennent aveugles, un nombre considérable — plus de la moitié certainement — auraient conservé la vue s'ils avaient été, en temps utile, l'objet de soins appropriés. Il est superflu d'expliquer comment tout effort tendant à prévenir la cécité infantile constitue à la fois un acte d'humanité et un acte de prévoyance sociale, une bonne action, et au point de vue des finances publiques une bonne affaire. Des progrès évidents ont été accomplis depuis dix ans ; grâce aux progrès de la science, à la vulgarisation de l'antisepsie, le nombre des ophtalmies purulentes des nouveau-nés s'est très notablement abaissé : d'une récente communication de M. le professeur Pinard à l'Académie de Médecine il résulte que, à la Clinique Baudelocque,

1.000 enfants nouveau-nés ont présenté 10,5 cas de cette grave maladie dans la période 1889 à 1903 et 2,1 seulement de 1904 à 1907, soit une diminution de quatre cinquièmes, sans que dans cette clinique modèle ces cas aient jamais déterminé une cécité ; de tels résultats constituent la plus noble récompense pour les uns, la plus précieuse émulation pour les autres.

Il convient de faire un énergique effort pour lutter dans toutes les régions de France contre la cécité infantile ; j'indiquerai ici quelques-uns des moyens d'action les plus efficaces et les plus simples.

1° J'attire tout d'abord votre attention sur le décret inséré au *Journal Officiel* de ce jour. Ce décret, pris après avis de l'Académie de Médecine, autorise les pharmaciens à délivrer pour l'usage de la médecine, sur prescription émanant d'une sage-femme pourvue d'un diplôme, une solution d'azotate d'argent au cinquantième ; cette solution devra être contenue dans un flacon en verre jaune, bouchant à l'émeri et portant, outre l'étiquette rouge réglementaire, une autre étiquette avec l'inscription suivante : « Solution préventive contre l'ophtalmie des nouveau-nés ; une goutte dans chaque œil après la naissance. »

L'éminent rapporteur de l'Académie de Médecine, chargé d'examiner la question, M. Yvon, a présenté à ce sujet les observations suivantes, qui constituent le plus net commentaire du décret.

« L'infection gonococcique maternelle est la cause la plus fréquente de l'ophtalmie du nouveau-né ; elle provoque notamment la forme la plus grave de cette inflammation, qui peut aboutir à la cécité par destruction des cornées. C'est habituellement au moment de l'accouchement que se fait l'infection des muqueuses oculaires et, depuis Gibson qui, il y a un siècle, établit les bases de la prophylaxie de l'ophtalmie purulente du nouveau-né, on s'est efforcé de combattre l'infection maternelle pendant la grossesse, et de débarrasser, à la naissance, le cul-de-sac conjonctival de toute souillure. Les résultats pratiques n'ont guère été obtenus qu'à partir du jour où, sous l'influence des recherches de Crédé, on s'est préoccupé de réaliser la désinfection conjonctivale à l'aide de solutions ou de substances antiseptiques. Comme les symptômes de l'infection maternelle échappent souvent à l'analyse clinique la plus minutieuse, il importe de faire systématiquement la désinfection conjonctivale. Cette désinfection doit porter spécialement sur le gonocoque, organisme assez peu résistant aux agents chimiques, tant qu'il n'a pas dépassé la surface des muqueuses. De là, l'utilisation de toute une série de substances dont les effets prophylactiques ont été vantés tour à tour et qui ont prouvé leur efficacité sélective par une diminution notable dans la proportion des ophtalmies du nouveau-né.

« La muqueuse oculaire est particulièrement sensible à l'action de certaines substances antiseptiques, aussi ne peut-on user indifféremment de toute solution bactéricide. De toutes celles qui ont été expérimentées, c'est incontestablement la solution, au cinquantième, de nitrate d'argent, qui a fourni les résultats prophylactiques les meilleurs. Une statistique étendue, communiquée récemment à l'Académie par notre collègue, M. le professeur Pinard, a montré la supériorité de ce collyre sur les autres solutions préconisées.

« Nous vous proposons donc d'autoriser les sages-femmes à faire usage, *mais seulement à titre de préventif*, d'une solution de nitrate d'argent au cinquantième, employée de la manière suivante :

« Aussitôt après la naissance, en faisant bailler la paupière de l'enfant on laissera tomber *une goutte* de la solution préventive entre les paupières, et cela au moyen d'un compte-gouttes. Il suffit ensuite, de laisser les paupières se refermer spontanément, et d'absorber, avec une boulette de coton hydrophile, le liquide qui passera sur la joue. Cette précaution permet d'éviter la production des taches noires qui se développeraient postérieurement sur les téguments de la face, sous l'influence de la lumière.

« En limitant l'instillation à une goutte et en absorbant l'excédent avec du coton, il n'est pas nécessaire de procéder à une neutralisation avec une solution de chlorure de sodium.

« L'emploi du crayon de nitrate d'argent, pur ou mitigé, doit être formellement interdit pour la prophylaxie ou le traitement de l'ophtalmie du nouveau-né. Son action est trop profonde ; elle ne peut être limitée comme celle d'une solution titrée. C'est à la suite de l'usage inconsidéré de ces crayons que l'on a pu voir se produire des lésions ulcératives de la cornée ou de la conjonctive. La crainte de voir survenir ces complications a longtemps empêché d'accorder aux sages-femmes l'autorisation de se servir du nitrate d'argent ; mais les accidents consécutifs ne sont pas à redouter avec l'emploi d'une solution de nitrate d'argent au cinquantième. Il faut atteindre ce titre, car, au-dessous, les solutions ne sont pas assez efficaces.

« Nous sommes d'avis de limiter à la prophylaxie de l'ophtalmie du nouveau-né l'autorisation que nous vous proposons d'accorder aux sages-femmes ; *elles ne devraient en aucun cas faire usage de la solution de nitrate d'argent dans un but curatif;* elles ne pourront modifier la formule que nous indiquerons. En cas d'ophtalmie déclarée, c'est-à-dire de sécrétion conjonctivale manifeste, l'enfant devra être présenté au médecin dans le plus bref délai ; la précocité du traitement constituant une des conditions principales du succès thérapeutique. »

Je vous prie de porter ce décret et la présente circulaire à la connaissance de toutes les sages-femmes de votre département.

2° Le Comité permanent d'étude pour l'assistance aux aveugles, que j'ai récemment constitué auprès du Ministère de l'Intérieur, considère qu'il est essentiel d'appeler, par tous moyens possibles, l'attention des mères sur le danger si souvent évitable de la cécité infantile ; il a approuvé la rédaction de l'avis suivant, adaptée aux habitudes de langage les plus répandues dans le peuple.

AVIS IMPORTANT
EN CE QUI CONCERNE LES NOUVEAU-NÉS

Si les paupières de l'enfant sont ou rouges, ou enflées, ou collées,
Si elles laissent suinter du liquide ou du pus,
Sachez qu'il ne s'agit pas d'un « courant d'air », mais d'une maladie grave.

Méfiez-vous de l'ophtalmie qui peut le rendre AVEUGLE et faites-le immédiatement, *le jour même*, examiner et soigner par un médecin.

Cet avis devrait être imprimé sur feuille volante en gros caractères, incorporé à tout livret de famille donné aux époux au moment du mariage, et surtout *distribué à la mairie lors de chaque déclaration de naissance* ; il serait excellent aussi qu'il fût affiché dans chaque mairie. Je suis persuadé que le Conseil Général, sur votre sollicitation, ne refusera pas le minime crédit nécessaire pour cette dépense. Dès à présent, vous donnerez à cet avis le maximum de publicité possible, et vous demanderez à tous les journaux locaux, de quelque nuance politique qu'ils puissent être, de vous prêter leur précieux concours pour cette œuvre de vulgarisation.

3° Pour les enfants, comme pour les adultes, il est de toute utilité que les *cliniques ophtalmologiques* régionales soient agrandies et dotées, en personnel et matériel, des ressources scientifiques nécessaires. Pour les maladies des yeux plus peut-être que pour toutes autres, la promptitude des soins est indispensable. Aussi, après examen attentif des besoins et ressources locaux, conviendra-t-il ici que vous engagiez la commission administrative de tel grand hôpital de votre département à organiser un service ophtalmologique spécial, là que vous incitiez tel autre ayant déjà créé un service de ce genre, à en accroître la puissance d'action. En ce qui concerne les constructions ou aménagement locaux, les achats d'outillage, les demandes de subvention dûment justifiées en ce sens recevront auprès de mon administration le plus bienveillant accueil.

Les appels que vous adresserez au Conseil Général, aux Maires, aux

Médecins, à la Presse, à toutes les sociétés d'assistance maternelle, seront entendus, et cette *croisade contre la cécité infantile*, conduite avec cette persévérance, ne peut manquer, en diminuant le nombre des aveugles en France, de supprimer bien des misères familiales, d'augmenter la force de production nationale, et d'alléger les charges de l'assistance publique et privée.

Je vous prie de m'accuser réception de la présente circulaire et de me faire connaître les mesures que vous aurez prises pour en assurer l'exécution.

Le Président du Conseil, Ministre de l'Intérieur,

G. CLEMENCEAU.

Et cette circulaire fut appuyée le 10 août de la même année 1909 d'une lettre de rappel aux préfets leur rappelant la nécessité de saisir les Conseils Généraux des propositions contenues dans la circulaire du 27 avril.

L'effet favorable de ces instructions ministérielles ne tarda pas à se faire sentir, au moins dans certaines régions, et le Conseil Général de la Gironde, dans sa session d'automne dernier, a adopté le vœu suivant : Que le livret de famille remis au moment du mariage contienne une notice indiquant les symptômes et les dangers de l'ophtalmie purulente, et que la même notice soit remise au moment de la déclaration de naissance.

A côté de cette initiative locale, dans les mairies de Paris on ne trouve aucune instruction imprimée, relative aux dangers de l'ophtalmie des nouveau-nés.

L'idée est donc en marche, mais il faut que l'application générale de la circulaire de M. Clemenceau soit énergiquement poursuivie ; c'est au Comité permanent pour l'assistance aux aveugles qu'il appartiendra d'en surveiller l'exécution.

Nous ne faisons qu'un reproche à la circulaire du ministre de l'Intérieur, qui nous semble parfaite à tous autres égards, c'est quand elle s'exprime ainsi : « Nous sommes d'avis de « limiter à la prophylaxie de l'ophtalmie du nouveau-né l'au-« torisation que nous nous proposons d'accorder aux sages-

« femmes ; elles ne devraient en aucun cas faire usage de la
« solution du nitrate d'argent dans un but curatif ; elles ne
« pourront modifier la formule que nous indiquerons. En
« cas d'ophtalmie déclarée, l'enfant devra être présenté au
« médecin dans le plus bref délai... »

Ici l'astreinte à la sage-femme nous paraît trop faible, et
d'après la circulaire de M. Clemenceau, la défense pour la
sage-femme de soigner l'ophtalmie déclarée n'est pas assez
formelle.

Sans aller si loin que les États-Unis qui punissent de
100 dollars d'amende ou de six mois de prison la sage-
femme coupable de n'avoir pas conduit un ophtalmique
chez le médecin, nous voudrions que la sage-femme fût
soumise aux mêmes pénalités pour n'avoir pas conduit un
enfant atteint d'ophtalmie au médecin que pour avoir omis
la déclaration obligatoire de cette maladie.

Et il faudrait surtout que ce côté de la pratique des sages-
femmes fût étroitement surveillé. J'interrogeais dernièrement
une sage-femme agréée de la ville de Paris sur ce qu'elle
avait l'habitude de faire en cas d'ophtalmie de ses nouveau-
nés. « J'essaie d'abord, me répondit-elle, de les soigner
comme je peux, dans la crainte d'avoir des ennuis si je
déclare la maladie ou si j'envoie l'enfant être soigné dehors.
Je n'arrive à cette extrémité que si le cas est trop grave. »
On voit le danger social d'une pareille conception de ses
devoirs, conception certainement très généralisée.

Réglementation de la prophylaxie de l'Ophtalmie des nouveau-nés.

Le plan de ce rapport comporte deux parties : 1° *La
réglementation de la prophylaxie de l'Ophtalmie des nouveau-nés ; 2° l'organisation de son traitement.*

La première partie de notre programme, la prophylaxie
de l'ophtalmie des nouveau-nés, sera suffisamment réalisée

par l'application stricte de la circulaire de M. Clemenceau ; celle-ci comporte essentiellement :

1° La vulgarisation auprès des sages-femmes de la méthode prophylactique de Crédé ;

2° La distribution, au moment du mariage et lors de la déclaration des naissances, d'une instruction succincte relative à l'ophtalmie des nouveau-nés.

Nous n'allons pas, comme certains, jusqu'à demander que l'application de la méthode de Crédé soit rendue obligatoire, car un traitement particulier ne saurait avoir force de loi. Toutefois, nous voudrions pour la sage-femme l'obligation *pénale* de faire soigner par un médecin, aussitôt, toute ophtalmie déclarée.

C'est ce que demandait déjà Marjolin dans son rapport de 1878, qui proposait une pénalité même contre la mère et la nourrice qui n'aura pas porté son enfant malade au médecin du district.

Nous voudrions aussi que dans l'enseignement donné aux sages-femmes, il soit accordé une part importante à l'ophtalmie des nouveau-nés et aux moyens de la prévenir. Une interrogation sur cette maladie pourrait être faite à leurs examens de sortie. Pas une sage-femme ne devrait recevoir son diplôme sans avoir vu pratiquer ou pratiqué elle-même la méthode de Crédé.

Il est hors de doute que les milieux où éclôt surtout l'ophtalmie des nouveau-nés sont ceux où les accouchements sont pratiqués par les sages-femmes ; la sage-femme doit être, en conséquence, l'agent principal de la prophylaxie.

Il serait désirable enfin, que des conférences fussent faites dans les milieux ouvriers sur les dangers de l'ophtalmie et sur la nécessité d'avoir recours aussitôt que possible au médecin dès que les yeux du nouveau-né commencent à suppurer.

Ces conférences viendraient à l'appui des affiches que la circulaire de M. Clemenceau proposa, si justement, de faire apposer dans les mairies et les écoles.

Organisation du traitement des Ophtalmiques.

La seconde partie de notre rapport comprendra l'étude des moyens sociaux propres à assurer le traitement des ophtalmiques.

Ils sont, selon nous, au nombre de deux :

1° Dans une instruction ophtalmologique suffisante donnée aux médecins ;

2° Dans l'organisation de cliniques ophtalmologiques régionales.

INSTRUCTION OPHTALMOLOGIQUE DES MÉDECINS. — Un décret récent concernant les études médicales rend obligatoire pour tous les élèves en médecine un stage dans les cliniques ophtalmologiques.

Malheureusement le complément nécessaire de cette mesure, un examen des élèves en médecine portant sur les matières de l'ophtalmologie qui leur auront été enseignées, n'a pas été précisé dans le décret.

L'interrogation des élèves sur ces matières reste donc facultative et ce nous semble une lacune dangereuse, si l'on songe aux désastres causés quotidiennement par l'ignorance des médecins généraux vis-à-vis de certaines maladies des yeux importantes à connaître et à savoir reconnaître, sinon soigner.

Nous sommes donc entièrement d'accord avec M. Motais qui, dans la séance du 29 janvier 1909 du Comité permanent d'Assistance aux aveugles, émettait le vœu que le décret récent fût modifié en rendant obligatoire, à l'examen final de pathologie externe, une interrogation sur l'ophtalmologie élémentaire.

M. Motais insiste sur ce point qu'à l'étranger, l'ophtalmologie est obligatoirement comprise dans cet examen, mais que l'on tombe dans l'excès contraire en interrogeant après un simple stage de trois ou quatre mois sur l'ophtalmologie tout entière : ophtalmoscopie, opérations, etc.

Il est, en effet, évident que ces notions approfondies et inutiles d'ailleurs aux médecins non spécialistes, ne peuvent être apprises dans un stage aussi court.

Il serait donc préférable d'admettre un programme élé_mentaire, qui permettrait aux futurs médecins de soigner les maladies externes et de connaître assez bien les maladies profondes pour les adresser à temps aux spécialistes et éviter ainsi quantité de malheurs irréparables.

ORGANISATION DE CLINIQUES OPHTALMOLOGIQUES RÉGIONALES. — Malgré l'instruction ophtalmologique que nous souhaitons voir donnée à tous les médecins généraux, il y aura toujours des cas où il sera désirable que l'enfant atteint d'ophtalmie soit conduit auprès d'un médecin spécialisé.

C'est de nécessités de cet ordre que s'était inspiré M. le sénateur Labroussé dans son projet de loi qui fut pris en considération par le Sénat le 21 mars 1901. L'article 3 de cette loi était ainsi conçu : « Des cliniques régionales ophtal-mologiques seront établies dans chaque ville où il y aura une Faculté de médecine ou une École de plein exercice. »

M. Cosse, dans son rapport présenté au Comité perma-nent d'Assistance aux aveugles, a repris la proposition de M. Labrousse de façon, à la fois, à généraliser et à rendre plus pratique l'organisation des cliniques ophtalmologiques régionales.

Il propose, au lieu de créer, à grands frais, des cliniques ophtalmiques régionales, d'utiliser à cet effet des salles dans les hôpitaux des villes où il n'existe pas de services d'oph-talmologie. C'est en ce sens qu'est conçu le dernier para-graphe de la circulaire déjà citée de M. Clemenceau qui en-gage les préfets à développer les cliniques régionales exis-tantes.

Il est certain que le but vers lequel on doit tendre est de créer des services d'ophtalmologie dans le principal hôpital de chaque département, mais en attendant il faudrait favoriser le développement des services spéciaux déjà existants ou la création de services nouveaux dans les hôpitaux des villes où existent des Facultés ou Écoles de médecine.

MESSIEURS,

Je proposerai donc à votre approbation les conclusions suivantes :

1° En ce qui concerne la PROPHYLAXIE DE L'OPHTALMIE DES NOUVEAU-NÉS :

· De faire, dans l'enseignement des sages-femmes, une place importante à la méthode de Crédé ;

D'instituer, pour les sages-femmes, l'obligation *pénale* non seulement de déclarer toute ophtalmie confirmée, mais de la faire soigner aussitôt par un médecin ;

De multiplier dans le public les connaissances relatives aux dangers de l'ophtalmie, par la distribution d'une instruction succincte aux parents, par des affiches apposées dans les mairies et les écoles, par des conférences faites dans les milieux ouvriers.

2° En ce qui concerne le TRAITEMENT DES OPHTALMIQUES :

D'assurer à tous les médecins une instruction ophtalmologique suffisante, par l'interrogation *obligatoire* des élèves en médecine sur les questions élémentaires de l'ophtalmologie ;

Enfin, selon l'indication contenue dans la circulaire de M. Clemenceau, de développer les cliniques ophtalmologiques régionales par la création de services nouveaux et l'agrandissement de ceux qui existent déjà.

L'INSPECTION OCULISTIQUE DES ECOLES

ET

LA PRÉSERVATION DE LA CÉCITÉ

RAPPORT

Présenté par M. le Docteur H. TRUC

Professeur de Clinique Ophtalmologique
à la Faculté de Médecine de Montpellier

L'inspection oculistique des écoles a pour objet la surveillance des yeux et la conservation de la vision chez les écoliers.

C'est une mesure de protection contre la cécité.

Toutes les causes, en effet, qui altèrent l'état normal des yeux ou troublent leur fonctionnement peuvent entraîner la cécité, car les mauvaises conditions scolaires des bâtiments, du mobilier, des fournitures, des programmes ou des méthodes de travail ainsi que les troubles oculaires réfringents, infectieux des traumatiques menacent directement la vision des écoliers.

L'inspection oculistique des écoles, par une surveillance méthodique et permanente, assure une meilleure hygiène et constitue ainsi le premier élément de la prophylaxie de la cécité.

L'inspection oculistique et prophylactique de la cécité, telle est donc la question que nous devons traiter.

Nous étudierons successivement, dans ce sens :

1° *l'École* : bâtiments, mobilier, fournitures, méthodes et programmes ;

2° *l'Écolier* : troubles congénitaux, vices de réfraction, ophtalmie, blessures ;

3° *l'Inspection* : organisation et fonctionnement général.

Nous insisterons naturellement sur les seules conditions pratiques et nous renverrons pour plus amples détails à notre ouvrage spécial : *Hygiène oculaire et inspection oculistique des écoles*, Paris, Maloine 1910, 3° édit. (en préparation).

I. — L'ÉCOLE

L'école, pour l'aération et l'éclairage nécessaires à la vision des enfants comme à leur santé générale, doit être convenablement située et orientée.

La *situation* de l'école comporte son isolement entre cours et jardins ou au moins l'éloignement des bâtiments voisins au double de leur hauteur (Javal), à 20 ou 25 degrés au-dessus de l'horizon (Fuchs).

L'*orientation* est plus discutable et d'ailleurs variable selon les régions et les nécessités locales. Le meilleur d'ordinaire est du nord-est au sud ouest, c'est-à-dire le grand axe des bâtiments dirigé de l'est à l'ouest, toutes les parties recevant ainsi largement le soleil et la lumière.

Pour *l'éclairage naturel*, la lumière ne sera jamais directe mais diffuse et viendra seulement de gauche, un peu en arrière ou, en partie moindre, de droite ; c'est l'éclairage unilatéral gauche et l'éclairage bilatéral différenciel ; il reste entendu d'ailleurs qu'en cas de besoin, l'éclairage par haut sera utilisé.

Vingt bougies-mètres paraissent nécessaires, ce qui correspond à dix bougies des photomètres gradués à la lumière artificielle.

On n'a jamais trop de lumière solaire ; car elle est la condition d'une bonne vision en même temps qu'un excitonutritif puissant et un antiseptique universel : le soleil dispense du médecin, *dove il sole non il medico*.

L'éclairage artificiel sera aussi très abondant et très diffusé. Le système de Boufnoff, par projection lumineuse au plafond au moyen de réflecteurs sous-jacents, donne une très bonne lumière. Il en est ainsi au lycée d'Aix-en-Provence (D^r D'Argelos), au lycée d'Alais, etc. Le gaz incandescent, l'électricité, l'acétylène et à défaut le pétrole et l'huile sont surtout recommandables. Dix bougies-mètres déterminées au photomètre, constituent le minimum nécessaire.

Beaucoup d'écoles urbaines n'ont qu'un éclairage naturel ou artificiel inférieur. L'insuffisance de la lumière est un facteur indirect de la cécité, car il gêne le travail scolaire, congestionne les yeux et prédispose à la myopie. Cohn trouve 15 % de myopies dans les salles mal éclairées et 6 % seulement dans les salles bien éclairées. E. Bertin-Sans a constaté un rapport analogue entre la myopie des élèves et le faible éclairement de leurs places habituelles. Nous-même, à Montpellier, avons établi le tableau ci-après qui dispense de tout commentaire.

ÉCOLES DE FILLES	VALEUR photométrique moyenne	POURCENTAGE des myopes
Boulevard Louis-Blanc	13.03	5.1
Rue Général Riu	10.40	6.4
Boulevard des Arceaux	9.80	4.4
Rue Général-Maureilhan	9.52	7.7
Rue Voltaire	9.06	9.3
Rue du Grand-Saint-Jean	5.48	7.3
Rue Dom.-Vaissette	5.10	7.7
Rue de l'Observance	5.02	8.9

ÉCOLES DE GARÇONS	VALEUR photométrique moyenne	POURCENTAGE des myopes
Rue Jeu-de-l'Arc	12 »	7 »
— Gendarmerie	10.26	7 »
— Bernard-de-Tréviers	9.57	7.3
— Voltaire	8.93	10.1
— des Soldats	8.53	10.8
— Faubourg-Boutonnet	7.26	6.4
— d'Aigrefeuille	5.48	9.3

Le mobilier, tables et bancs surtout, joue comme l'éclairage un rôle prépondérant dans la myopie scolaire. C'est aussi le grand facteur des déviations vertébrales. On comprend qu'il soit depuis longtemps l'objet des préoccupations spéciales des hygiénistes et des pédagogues.

Sans entrer ici dans les détails, nous dirons que la table-banc doit s'adapter à l'enfant et non l'enfant à la table-banc. Les tables individuelles avec bancs fixes à distance nulle, c'est-à-dire dont le bord antérieur de la table est sur la verticale du bord correspondant du banc, ni en avant (distance négative), ni surtout en arrière (distance positive), sont les plus recommandables. A défaut, et dans les mêmes conditions, on préférera les tables-bancs à deux places. Si l'on veut enfin utiliser un vieux mobilier, on établira d'abord une distance convenable puis on groupera les tables-bancs de trois ou quatre séries par classes de manière à les adapter aux tailles correspondantes des enfants : la hauteur de la table doit être à peu près égale à la moitié du corps de l'écolier et la hauteur du banc au tiers environ de sa taille.

Le mobilier et la tenue de l'enfant sont également défectueux. Une épaule est plus haute que l'autre, en scoliose droite ; les yeux sont trop près du cahier ou du livre et la myopie s'affirme rapidement avec la scolarité. On éviterait tout cela avec un mobilier correct et une bonne discipline.

Les *fournitures scolaires*, cahiers, livres, tableaux et cartes, laissent souvent à désirer. Le papier est trop mince ou de mauvaise qualité, les lignes sont trop longues, les interlignes trop réduits, les caractères d'imprimerie trop petits et surtout trop maigres. On devrait proscrire tout livre de grand format à papier mince, avec notes ou caractères au-dessous de neuf points.

Les tableaux et les cartes sont trop éloignés ou surchargés.

Les *méthodes* et les *programmes* influencent aussi la vision scolaire et quelques indications ne seront pas superflues.

Dans les *écoles maternelles*, on se contentera de la lecture au tableau ou des jeux instructifs : balles, sphères, cubes, comme dans la méthode Frœbel.

Dans les *écoles primaires*, lecture à haute voix et écriture droite. Jusqu'à dix ans, pas de devoirs à la maison ni d'examens terminaux, ou périodiques qui exigent un surcroît de travail ; des interrogations inopinées doivent suffire.

Dans les *écoles supérieures*, les *collèges* et les *lycées*, écriture droite ou penchée à volonté, en bonne tenue et pas de devoirs manuscrits. Il faut surtout éviter ces dictées de cours entiers, d'histoire, de géographie, de littérature, etc., repos pour le professeur mais perte de temps pour l'école et fatigue excessive pour l'écolier.

Il importe, en l'espèce, de demander le moins possible aux yeux de l'enfant et de varier fréquemment les explications visuelles. Toute fatigue visuelle excessive résultant de mauvaises conditions hygiéniques, peut provoquer des inflammations oculaires et conduire à la cécité.

II. — L'ÉCOLIER

L'enfant présente d'une part les troubles oculaires particuliers à son âge et d'autre part ceux qui peuvent résulter des conditions spéciales du milieu scolaire. On peut les grouper en troubles congénitaux, ophtalmies, blessures et vices de réfraction.

TROUBLES CONGÉNITAUX. — Ils résultent de l'hérédité, de la consanguinité, des infections, des intoxications, des traumatismes. Ces troubles peuvent atteindre le globe, les annexes ou le système nerveux oculaire. On constate alors des malformations et des lésions du globe (buphtalmie, microphtalmie), de la cornée (kératocone ou kératoglobe), de l'iris (aniridie, membranes pupillaires, colobomes), du cristallin (cataractes), de la rétine (rétinites pigmentaires), enfin des ptosis, des strabismes, des tumeurs variées.

Ces divers troubles, manifestes ou cachés, doivent être recherchés car ils altèrent la vision des écoliers, diminuent leur capacité de travail et nécessitent parfois des traitements spéciaux.

Vices de réfraction. — Ce sont l'hyperopie, la myopie, l'astigmie, certaines parésies de l'accommodation.

L'Hyperopie, ou insuffisance de réfraction, est habituelle chez l'enfant. Nous en trouvons 10 0/0 à Montpellier. Dans les faibles degrés, jusqu'à trois dioptries, l'accommodation la corrige aisément, même pour la vision de près ; dans des degrés élevés, cinq dioptries et au-dessus, la correction physiologique est parfois insuffisante, et il survient de la fatigue oculaire ou asthénopie. Des verres sont alors indispensables.

La myopie, ou excès de réfraction, se développe avec l'âge et la scolarité : 10 0/0 dans les écoles primaires, 15 0/0 au lycée, etc., Les études prolongées exagèrent encore cette progression. Les élèves internes sont plus affectés que les élèves externes (H. Dor).

On peut dire que la myopie se développe avec les études et que ses complications sont en rapport avec son degré dioptrique.

L'hérédité joue assurément un grand rôle étiologique, mais les mauvaises conditions hygiéniques de l'école influencent aussi l'évolution myopique. La myopie étant une cause fréquente de cécité binoculaire (6 0/0) et monoculaire (12 0/0), il y a lieu d'en tenir le plus grand compte et de la corriger de bonne heure, surtout chez les sujets prédisposés.

L'astigmie, ou inégalité de réfraction méridienne de l'œil, trouble la vision et prédispose à la myopie. On la corrigera très exactement en même temps que la myopie ou l'hyperopie concomitante.

Quant aux parésies accommodatives, elles sont consécutives aux maladies générales (diphtérie, grippe), et n'ont qu'une médiocre importance occasionnelle.

Ophtalmies. — Ce sont les affections oculaires externes banales : larmoiement, blépharites, conjonctivites, kératites, iritis, chorio-rétinites, etc. On les rencontre dans 5 0/0 des cas. Les enfants s'en plaignent spontanément, et il faut toujours les écouter, car leurs plaintes peuvent être exagérées ou localisées, mais elles ne sont jamais sans fondement.

Le larmoiement provoque souvent de l'irritation et des complications oculaires; même latent, il comporte un traitement précoce.

Les blépharites, avec leurs séquelles, orgelets, chalazions, trichiasis, produisent des troubles visuels plus ou moins accentués.

Les conjonctivites catarrhales purulentes, phlycténulaires, pseudo-membranes, folliculaires, printanières et granuleuses, sont une cause habituelle des lésions cornéennes, de leucomes, de déformation oculaire et de cécité. Presque toutes sont contagieuses. Les plus redoutables sont les formes purulentes, pseudo-membraneuses et granuleuses. On ne saurait trop les surveiller, les isoler et les traiter.

Les kératites phlycténulaires se rattachent à l'eczéma ou à l'impetigo ainsi qu'à l'hygiène générale. La forme parenchymateuse ou interstitielle relève souvent de la syphilis. Un traitement *ad hoc* est indispensable.

Les lésions iriennes compliquent d'ordinaire les kérato-conjonctivites et entraînent de graves désordres fonctionnels par les leucomes, les staphylomes ou les troubles de réfraction consécutifs.

Les lésions profondes, chorio-rétiniennes ou autres, ont une gravité particulière mais relèvent de l'examen ophtalmoscopique.

Traumatismes. — Ils sont produits, soit par des agents contondants (poings, pierres, bâtons), soit par des instruments piquants ou tranchants (plumes, aiguilles, canifs), soit par des capsules, de la poudre, etc.

Les contusions provoquent des ecchymoses, des hémorrhagies intraoculaires, des ruptures de la cornée, des déchirures de l'iris, des luxations du cristallin.

Les plaies pénétrantes entraînent des hernies de l'iris, des cataractes, des atrophies, des ophtalmies sympathiques.

Quant aux capsules, aux pétards, etc., ils sont plus ou moins redoutables, suivant les cas.

Les jeux et jouets occasionnent fréquemment des traumatismes oculaires : 25 0/0 des traumatismes et 10 0/0 de cécité doivent y être rapportés. Les balles, les pierres et les billes projetées; les morceaux de zinc ou de fer-blanc à angles aigus, les débris de verre, de faïence, de porcelaine; les ciseaux, couteaux, canifs, plumes pointues; enfin les capsules, les pétards, les engins explosibles : telles sont les causes habituelles.

On devra donc surveiller les jeux, proscrire certains jouets et interdire la vente aux enfants des capsules, des pétards et de toute poudre explosible.

III. — INSPECTION OCULISTIQUE

L'utilité de l'inspection oculistique découle de la nécessité de surveillance du matériel scolaire et de la connaissance des conditions de travail oculaire de l'écolier. Elle est la garantie même d'une parfaite hygiène visuelle.

En raison de l'influence oculaire des bâtiments, du mobilier, des fournitures et des programmes scolaires; en raison des troubles congénitaux, des vices de réfraction, des ophtalmies et des traumatismes oculaires; en raison surtout des notions spéciales indispensables, l'inspection oculistique des écoles s'est graduellement imposée.

Cohn, dès 1867, constatait la progression et la gravité de la myopie scolaire et réclamait cette inspection. Depuis, tous les hygiénistes, les oculistes, les pédagogues, dans les Sociétés savantes, les Congrès, les Comités spéciaux, ont agi dans le même sens. En 1872, en Angleterre; 1873, en Belgique; 1876, en France, l'inspection médicale des écoles fut établie, mais elle resta plutôt nominale qu'effective. Quant à l'inspection oculistique proprement dite, elle fut établie à Lille par Baudry dès 1889; à Angers, par Motais, en 1890, et surtout à Montpellier, en 1895. Elle fonctionne aujourd'hui régulière dans la plupart des grandes villes et sera bientôt généralisée (J. Vergne).

L'inspection oculaire des Écoles sera-t-elle générale ou spéciale ?

L'inspection matérielle de l'école même n'a rien de bien technique et peut être faite administrativement.

L'inspection générale de l'écolier est essentiellement médicale. Le médecin ordinaire peut-être compétent pour la détermination de l'acuité visuelle et le diagnostic des lésions de l'œil ; mais il ne saurait préciser l'état de la réfraction ni les troubles ophtalmoscopiques, pas plus que les lésions auditives nasales ou pharyngées. L'oculiste faisant toutefois défaut à la campagne, il faudra surtout compter sur le médecin général avec collaboration occasionnelle de l'oculiste. A la ville, l'oculiste pourra intervenir directement.

L'instituteur devra toujours s'intéresser à l'hygiène oculaire de l'école et participer parfois à l'inspection, soit en indiquant des défectuosités matérielles, soit en signalant les enfants ophtalmiques ou amblyopes, soit en déterminant lui-même l'acuité visuelle individuelle.

L'inspection établira des *fiches sanitaires*. Ces fiches seront soigneusement tenues pour chaque école, chaque pièce et chaque enfant, avec indication des desiderata. L'inspection oculistique établira aussi des statistiques et des rapports administratifs où il insistera sur les conditions oculaires et visuelles de l'école et de l'écolier, sur les régimes hygiéniques ou thérapeutiques consécutives.

Les familles seront informées de la situation spéciale de leurs enfants. Il doit y avoir, à tous égards, et dans l'intérêt général de l'école, et dans l'intérêt particulier de chaque enfant, collaboration entre les inspecteurs, l'administration et la direction scolaire.

Les bureaux d'hygiène devront centraliser les résultats de l'inspection. Enfin des réunions annuelles pourront avoir lieu entre les inspecteurs, les directeurs d'école et les administrateurs en vue de l'amélioration des services et de la réalisation de desiderata.

Pratique de l'inspection oculistique. — La situation et l'orientation des bâtiments seront bien déterminées. On mesurera photométriquement l'éclairage naturel et artificiel. Le mobilier sera catégorisé et adapté à la taille des enfants. Les fournitures seront réglementaires et les programmes bien établis.

Les écoliers normaux auront leur fiche individuelle avec indications précises au début et à la fin de la scolarité. Les anormaux seront vus annuellement, si possible, et adressés aux spécialistes avec indications thérapeutiques. Les ophtalmiques seront soignés et les contagieux isolés. Enfin, des conseils professionnels seront donnés à chacun, à l'issue de la scolarité.

A la campagne, l'inspection scolaire sera faite par les médecins généraux cantonaux avec le concours des oculistes dans les cas difficiles.

Dans les villes, l'inspection oculaire sera confiée à des oculistes.

On doit admettre qu'un médecin inspecteur général ou oculiste peut examiner au maximum 1.000 à 1.500 enfants avec un traitement annuel de 1 franc par tête soit de 1.000 à 1.500 francs. Donner plus d'enfants ou rétribuer moins le médecin, c'est faire faillite à l'inspection.

Les écoles privées doivent être soumises à l'inspection comme les écoles publiques et dans les mêmes conditions générales ou spéciales.

IV. — CONCLUSIONS ET VŒUX

L'inspection oculistique des écoles constitue la principale garantie contre la cécité scolaire et doit être généralisée.

L'inspection doit indiquer et faire établir les meilleures conditions hygiéniques de l'école et de l'écolier, assurer la prophylaxie des vices de réfraction, des ophtalmies et des traumatismes oculaires.

Une fiche sera établie constatant l'état oculaire et visuel de chaque écolier avec les conseils thérapeutiques et professionnels correspondants. Elle sera confidentielle pour le médecin et le directeur, mais communiquée à la famille.

L'inspection oculistique sera faite à la campagne par les médecins généraux des écoles, et à la ville par des médecins spécialistes à raison de 1.000 à 1.500 enfants au maximum avec un traitement correspondant.

Les pouvoirs publics sont invités à interdire la vente courante aux enfants, dans les épiceries, bazars, etc., de toutes matières explosibles (capsules, poudres, etc.) et de les réserver aux adultes chez les armuriers ou débitants spéciaux.

II

ASSISTANCE AUX AVEUGLES

LA LOI DU 14 JUILLET 1905

ET

L'ASSISTANCE AUX AVEUGLES

RAPPORT

Présenté par M. Léon MIRMAN

Directeur de l'Assistance et de l'Hygiène publiques
au Ministère de l'Intérieur

L'objet de ce rapport est très limité. Je me propose simplement d'examiner la situation faite aux aveugles par la loi du 14 juillet 1905, qui a institué en France l'assistance obligatoire aux vieillards, aux infirmes et aux incurables et de rechercher les bénéfices que les aveugles peuvent tirer de cette législation nouvelle. Je diviserai cet exposé en cinq parties :

1° La loi de 1905 et les aveugles adultes, l'assistance à domicile, le produit du travail ;
2° La loi de 1905 et l'hospitalisation des aveugles ;
3° La loi de 1905 et les pensions des Quinze-Vingts ;
4° La loi de 1905 et les mineurs aveugles ;
5° Conclusions.

I

Le but est ainsi défini par l'article 1er :

« Tout Français privé de ressources, soit âgé de plus de 70 ans, soit atteint d'une infirmité ou d'une maladie reconnue incurable qui le rend incapable de subvenir par son travail aux nécessités de l'existence, reçoit aux conditions ci-après l'assistance instituée par la présente loi. »

Etant atteint d'une infirmité incurable, tout aveugle « privé de ressources » (et j'expliquerai plus loin ces mots) peut donc obtenir le bénéfice de la loi, à la condition qu'il soit Français et qu'il ait plus de 16 ans (ce point important sera examiné dans la 4ᵉ partie).

MÉCANISME GÉNÉRAL DE LA LOI

La demande écrite doit être adressée au Maire de la commune où il réside ; elle doit être signée par le postulant ; en cas d'impossibilité matérielle, l'aveugle doit apposer sur la demande un signe dont l'authenticité est attestée par deux témoins domiciliés dans ladite commune. De cette demande, le Maire donne récépissé.

Sur proposition du Bureau d'Assistance, le Conseil municipal statue. La liste des demandes favorablement accueillies est déposée au secrétariat de la mairie et avis de ce dépôt est donné par affiches aux lieux accoutumés. L'aveugle priera donc un ami de constater si son nom figure sur la liste et quelle allocation lui a été attribuée.

Si le postulant se juge lésé par la décision du Conseil municipal, il peut faire recours contre elle devant la Commission cantonale, avec les mêmes formalités qui ont servi à l'établissement de sa demande ; ce recours sera adressé au Maire, qui devra en donner récépissé ; il n'est valable que s'il est remis pendant un délai de vingt jours à compter du dépôt de la liste dont il a été parlé plus haut.

Le postulant qui fait recours devant la Commission cantonale doit être appelé par celle-ci ; il peut ne pas se rendre à cette convocation ; si sa plainte est fondée, il a intérêt à s'y rendre et à exposer de vive voix sa situation.

La décision de la Commission cantonale est portée à la connaissance de l'intéressé ; dans les vingt jours qui suivent cette notification, le postulant, s'il estime que justice ne lui a pas été rendue, peut se pourvoir devant la Commission centrale siégeant au Ministère de l'Intérieur, laquelle juge en dernier ressort.

Tel est, au point de vue de la procédure, et sans examiner les cas particuliers, le mécanisme général de la loi.

Voyons maintenant ce que reçoit le bénéficiaire de la loi.

TAUX PLEINS ET DÉDUCTIONS

Le Conseil municipal de chaque commune fixe le taux de l'allocation mensuelle ; ce taux est le même pour tous les assistés privés de ressources ; la commune peut choisir 5 francs ; un petit nombre seulement ont choisi un taux inférieur à 10 francs (1) ; d'autres ont préféré 15 ou 20 francs, quelques grandes villes et un certain nombre de communes de la banlieue de Paris ont fixé 25 francs ; la ville de Paris a été seule autorisée à choisir 30 francs. Théoriquement, ce taux devrait dépendre du prix de la vie et représenter le minimum indispensable pour assurer l'existence d'une personne dans la commune.

Ce taux communal est ce qu'on appelle le taux plein. Un vieillard ou un infirme peut n'obtenir qu'un taux réduit d'allocation. Le Conseil municipal peut en effet décider que, sur ce taux plein, des déductions seront opérées pour tel ou tel postulant. Ces déductions ne sont pas arbitraires. La loi a déterminé dans son article 20, qui est d'une importance capitale, les règles selon lesquelles elles doivent être calculées.

Cet article prescrit que « au cas où la personne admise à l'assistance dispose déjà de certaines ressources, la quotité de l'allocation est diminuée pour elle du montant de ces ressources. » Exemple : le postulant dispose d'une rente viagère annuelle de 60 francs et la commune dont il relève, celle où il a son domicile de secours (2), a fixé un taux mensuel plein de 15 fr. ; il ne recevra, du fait de la loi de 1905, qu'une allocation mensuelle de 10 fr.

AIDE DES ENFANTS, DES PARENTS, DU CONJOINT

Au premier rang de ces ressources, il faut citer l'aide que, tant en vertu du Code civil que de la loi naturelle, les enfants doivent à leurs parents et aussi les parents à leurs enfants, lorsque ceux-ci sont eux-mêmes en situation d'intervenir. Un aveugle a-t-il un enfant adulte, valide, qui travaille et gagne sa vie ? Celui-ci doit au père infirme un secours, à moins que lui-même, chargé d'enfants, il ne puisse qu'avec beaucoup de peine subvenir à leurs besoins ; s'il n'est pas indigent, il don-

(1) Il est très vraisemblable que prochainement le minimum sera élevé de 5 à 10 francs.

(2) Je ne peux entrer ici dans la question délicate du domicile de secours. L'essentiel est de savoir que c'est toujours au maire de la commune où l'on réside au moment de la demande que cette demande doit être adressée.

nera à son père 3, 5, 10 francs par mois, selon sa propre situation ; si, pouvant donner ce secours, il refuse d'accomplir ce qui est pour lui un devoir, il y sera contraint par le juge ; le père aveugle sera admis au bénéfice de la loi, recevra le taux plein, mais l'enfant sera poursuivi devant le juge de paix par le maire ou le préfet pour être condamné à payer son dû qui entrera dans les caisses publiques et diminuera d'autant la charge supportée par la Nation.

Le cas est fréquent d'aveugles — comme d'ailleurs de vieillards non aveugles — vivant au foyer d'un de leurs enfants ; le conseil municipal, et en cas de recours les commissions d'appel, auront alors à apprécier la situation économique de cet enfant, ses ressources et ses charges, et le secours qu'il pourrait être condamné à payer s'il cessait d'héberger son père et refusait de lui donner un secours ; si l'enfant est lui-même indigent, misérable, le taux plein de la commune pourra ne subir qu'une très minime réduction, un franc par exemple ; si, sans être en situation très aisée, l'enfant cependant n'est pas dans la misère, la réduction pourra être de 3, de 5 francs, peut-être davantage.

De même que les enfants doivent, dans toute la mesure de leurs forces, assistance à leurs parents, vieux ou infirmes, de même les parents sont tenus de secourir leurs enfants lorsque ceux-ci ne sont pas valides, et ils y sont tenus dans la même mesure, qui dépendra de leur situation personnelle, de leur âge, de leur salaire, de leurs autres charges.

Enfin il ne faut pas oublier que mari et femme se doivent mutuelle assistance ; si un ouvrier gagne largement sa vie, n'a point de nombreux enfants à nourrir, sa femme aveugle ne sera point considérée comme privée de ressources, car s'il était assez lâche pour l'abandonner, il serait contraint par le juge de lui faire une pension.

En un mot, parmi les ressources dont dispose un assisté, il faut placer, et en premier rang, l'aide, le secours mensuel que les parents, tenus à ce qu'on appelle « la dette alimentaire », seraient contraints par la loi de lui donner s'ils n'y consentaient de bonne grâce. L'assistance doit être assurée au vieillard, ou à l'infirme, d'abord par la famille naturelle ; ce n'est qu'à défaut de celle-ci, ce n'est que dans la mesure où celle-ci ne peut pas supporter ou ne peut supporter qu'en partie le coût de cette assistance, qu'intervient cette famille élargie que constitue la Nation.

RESSOURCES PRIVILÉGIÉES

Il est d'autres ressources que l'aveugle peut posséder et qui devront être envisagées pour le calcul des déductions éventuelles. Il en est pour lesquelles le législateur a créé un privilège.

Ce sont d'abord les *rentes dues à l'épargne*, servies par exemple par la Caisse nationale de retraites ou par une société de secours mutuels ; pour celles-là, je n'entrerai pas ici dans le détail, car j'allongerais trop cet exposé et parce que, malheureusement, c'est un cas qui, pour les aveugles, sera très exceptionnel.

LA BIENFAISANCE PRIVÉE

Ce sont ensuite — et ce point mérite de retenir l'attention — « les ressources fixes et permanentes provenant de la bienfaisance privée. » La loi dit que, pour le calcul des déductions à opérer sur le taux plein, elles ne compteront que *pour moitié de leur valeur*. Ainsi une grande société de bienfaisance assure à un aveugle une pension annuelle de 120 francs, soit 10 francs par mois ; le taux dans la commune est de 15 francs par mois, ce n'est pas 10 francs, mais 5 seulement que l'on déduira ; l'aveugle recevra donc, de la loi de 1905, une allocation mensuelle de 15 francs moins 5 francs, soit 10 francs, qui s'ajouteront à la ressource fixe et permanente de 10 francs par mois qu'il tient de la bienfaisance privée.

J'insiste sur ces mots « fixe et permanente ». Pour que le taux de l'allocation communale soit réduit, il faut que cette ressource due à la bienfaisance privée ait ce double caractère d'être fixe et permanente, il faut que l'intéressé puisse compter sur elle, qu'elle ne soit pas un secours aléatoire, variable, susceptible d'être diminué ou retiré au gré du donateur. De tels secours, j'entends des secours qui seraient ainsi aléatoires, variables, précaires, seraient considérés comme inexistants pour l'application de la loi. (C'est là une considération qu'il faudra avoir bien présente à l'esprit pour comprendre la délicate question des pensions des Quinze-Vingts dont il sera parlé plus loin).

PRODUIT DU TRAVAIL

La dernière ressource privilégiée est le produit du travail, mais ce privilège n'existe que pour les vieillards de 70 ans. Les ressources qu'un vieillard de cet âge tire de son travail sont actuellement considérées comme inexistantes aux yeux de la loi, quelle que puisse être d'ailleurs leur valeur. Ainsi un vieillard de 70 ans, qui, bien entendu, n'aurait aucune autre ressource que le produit de son salaire journalier, et qui gagnerait 3 ou même 5 francs par jour, serait en droit aujourd'hui d'obtenir l'allocation mensuelle d'assistance.

On peut penser qu'il y a là quelque abus, et que le législateur a dépassé le but qu'il voulait atteindre. Ce qu'il a voulu sans aucun doute, c'est de laisser au vieillard la possibilité d'ajouter par son travail un peu de beurre sur le morceau de pain sec que donne la loi de 1905 ; ce qu'il a voulu, c'est que le vieillard qui, avec ses forces réduites, fait encore de menus travaux, et gagne de ce fait de menus salaires, puisse en ajouter le produit à sa modeste pension d'assistance. Il est incontestablement allé trop loin, et le texte voté par lui a dépassé sa pensée, en écrivant dans la loi que, quelque soit le produit du travail, celui-ci n'entrerait pas en compte pour les déductions. Aussi le Gouvernement a-t-il proposé au Parlement une modification destinée à limiter ce privilège qui, illimité comme il l'est aujourd'hui, est réellement excessif ; le texte du projet soumis à la Chambre des Députés, demande que le produit du travail soit considéré comme inexistant jusqu'à 360 francs par an, mais que la partie du salaire dépassant ce chiffre entre en compte pour les déductions. D'après ce système, dans une commune où l'allocation de la loi de 1905 est de 15 fr. par mois, le vieillard de 70 ans gagnant 360 francs par an ou moins serait considéré comme n'ayant pas de ressources et recevrait, en conséquence, l'allocation pleine ; celui gagnant 480 francs par an ou 40 francs par mois serait considéré comme ayant 120 francs de ressources annuelles, soit 10 francs de ressources mensuelles, et recevrait de la loi d'assistance l'allocation réduite de 15 moins 10, c'est-à-dire 5 francs. Dans la suite de cet exposé, quand je parlerai du privilège fait par la loi de 1905 au produit du travail, j'aurai en vue non le privilège illimité résultant du texte actuel, mais le privilège limité, sagement limité, défini dans le projet du Gouvernement, lequel très vraisemblablement sera dans quelques mois adopté par le Parlement. Dans les explications qui vont suivre, je tiendrai ce vote pour acquis.

Mais — et j'arrive ici à une question capitale que les personnes peu familiarisées avec le mécanisme de la loi de 1905 n'auraient pu bien saisir sans les précédentes explications — ce privilège fait par la loi d'assistance au produit du travail est expressément réservé aujourd'hui aux vieillards de 70 ans. Aucun privilège n'est accordé au produit du travail de l'infirme au-dessous de cet âge. Ne parlons que des aveugles. Ainsi, dans notre commune type à 15 francs par mois, l'aveugle, sans ressources familiales, et qui ne travaille pas, reçoit l'allocation pleine de 15 francs ; celui qui, se trouvant dans la même situation que le précédent tant au point de vue familial qu'au point de vue physique, mais qui fait un effort de labeur, un effort salutaire et noble de labeur, et qui gagne ainsi 10 francs par mois, ne recevra de la loi de 1905, après déductions faites, qu'une allocation mensuelle de 5 francs ; il suffira qu'il gagne 15 francs par mois pour n'avoir pas droit au bénéfice de la loi.

Je ne crains pas de dire qu'un tel état de choses est extrêmement dangereux. Sans doute, l'aveugle sera encore incité à travailler par le respect de soi-même, par la volonté de tirer de son intelligence et de ses forces physiques tout le rendement utile et de vivre en citoyen ; sans doute, il fera son possible pour s'élever par son labeur au-dessus de ce niveau de misère où l'assistance est un droit. Mais le législateur prudent doit toujours compter avec l'humaine faiblesse. Comment ne pas craindre de voir certains aveugles qui, au prix d'un rude effort peut-être, pourraient travailler et gagner un modeste salaire, renoncer à cet effort, renoncer à chercher du travail, à apprendre un métier, et se croiser les bras, sachant que le salaire ainsi acquis par eux n'aura pas pour effet d'augmenter leur budget, mais ne servira qu'à diminuer d'autant leur allocation mensuelle d'assistance ? Reconnaissons franchement que cette crainte n'est pas vaine. Évidemment, cette éventualité n'est pas à redouter à l'égard des aveugles qui, par leur instruction scientifique, littéraire ou professionnelle, peuvent gagner de hauts salaires ; elle ne serait donc pas à redouter si l'éducation professionnelle des aveugles était à ce point développée en France que tout aveugle pût acquérir un métier lucratif et être assuré de gagner, par son travail, un salaire normal de quelques francs par jour. Mais nous n'en sommes pas là aujourd'hui, même pour un grand nombre d'aveugles ayant perdu la vue de bonne heure et qui eussent été susceptibles de faire un utile et prompt apprentissage. J'ajoute que même si cette éducation était étendue et perfectionnée dans le pays, il resterait malheureusement un nombre notable d'aveugles qui, pour des raisons diverses, ne pourront jamais gagner — et encore au prix d'efforts très méritoires - - que de menus salaires de 10, 15, 20, 30 fr. par mois. Or, de ceux-là, il est manifeste que plus d'un cessera de s'astreindre au travail, quand il saura que son effort n'aura pas pour effet d'augmenter ses ressources. Il repoussera l'outil. Il se croisera les bras. Il recevra, dans l'oisiveté, le taux plein de l'allocation mensuelle, et ainsi cette belle loi d'assistance produira le résultat lamentable d'aggraver moralement la situation de ces pauvres aveugles en abolissant, dans leur âme, la volonté de labeur et d'effort.

De toutes mes forces je signale ce danger, auquel il est, d'ailleurs, facile de parer. Il faut que le privilège restreint, limité comme il est dit plus haut, dont bénéficie dans la loi actuelle le produit du travail du vieillard de 70 ans, soit étendu au produit du travail de l'aveugle, c'est-à-dire qu'il soit, jusqu'à 300 fr. par an, considéré comme inexistant et que, seule, la partie dépassant 360 francs entre en compte pour le calcul des déductions. Ainsi, l'aveugle malheureux qui n'a pas aujourd'hui, aurait demain un intérêt matériel à travailler, puisqu'avec le produit de ce travail il pourrait — qu'on me permette de reprendre une comparaison familière, mais expressive, déjà employée plus haut — mettre un peu de beurre sur le morceau de pain sec de l'assistance.

Certes, la question ici soulevée n'est pas vraie seulement pour les aveugles. Elle l'est pour d'autres infirmes. Mais à trop étendre le problème, la solution en deviendrait, pour des raisons qu'il serait superflu d'exposer ici, infiniment délicate. Puissions-nous échapper une fois à la manie française des solutions trop générales, qui nous rend trop souvent incapables d'adapter aux problèmes particuliers des solutions analogues, mais distinctes, épousant la forme spéciale de chacun d'eux. Au surplus, il n'y a lieu de traiter ici que les questions relatives aux aveugles. La modification qu'il conviendrait d'apporter à la loi de 1905 est donc très facile à préciser, et ce sera l'objet d'une des conclusions de ce rapport.

II

J'aborde maintenant une autre question. L'allocation à domicile n'est pas le seul mode d'assistance prévu par la loi de

1905. Un vieillard, un infirme peut être, sous certaines conditions, hospitalisé. L'article 19 dit en effet :

« Les vieillards, les infirmes et les incurables qui ne peuvent être utilement assistés à domicile sont placés, s'ils y consentent, soit dans un hospice public, soit dans un établissement privé ou chez des particuliers. »

C'est le Conseil général qui dresse la liste des établissements publics ou privés où ces hospitalisés pourront être placés.

Enfin, dans chaque commune, c'est le Conseil municipal qui, en même temps qu'il se prononce sur l'admission des postulants à l'assistance, règle les conditions dans lesquelles ils seront assistés et décide s'ils recevront l'allocation mensuelle à domicile ou si, au contraire, mais avec leur consentement, nous l'avons vu, ils seront hospitalisés.

Pour un certain nombre de vieillards et d'infirmes, pour ceux qui n'ont pas de foyer domestique ou ne peuvent pas recevoir à ce foyer les soins qui leur sont nécessaires, l'hospitalisation est le mode d'assistance réellement effectif. Si un aveugle impotent ou âgé n'a pas près de lui une femme ou une fille dévouée qui le protège de son affection, que peut-il devenir avec l'allocation mensuelle de 10 ou de 15 fr. que donnent la plupart des communes de France ? Pour lui, l'hospice est un refuge.

DÉCISION SANS APPEL DU CONSEIL MUNICIPAL
NÉCESSITÉ D'UN RECOURS

Mais l'hospitalisation coûte plus cher que l'assistance à domicile. Le prix d'entretien, variable selon les établissements, est rarement inférieur à 40 francs par mois, il est souvent de 50 francs ; l'assistance à domicile n'atteint jamais ce chiffre. Par considérations d'économie, le Conseil municipal peut donc être tenté, malgré la demande de l'aveugle et malgré la situation critique où il se trouve, de décider qu'il n'y a lieu que de lui donner l'allocation mensuelle. Et sans doute, une décision si inhumaine ne sera pas prise souvent par le Conseil municipal lorsque l'aveugle n'aura pas quitté la commune, quand il vit là, misérable, plaint et estimé de tous. Quand, au contraire, l'aveugle, pour des raisons diverses, a quitté la commune depuis quelques années sans y perdre son domicile de secours, le Conseil municipal, n'ayant pas sous les yeux le spectacle quotidien de sa misère, pourra se laisser aller à une décision cruelle, lui attribuer les 5 ou 10 ou 15 francs par mois, — il ne peut faire moins, il ne peut se soustraire à cette obligation, il serait contraint de s'y conformer par les commissions d'appel — et refuser de prononcer l'hospitalisation qui lui coûterait plus cher.

Or la loi de 1905 ne prévoit pas de recours contre de telles décisions. La décision du Conseil municipal refusant d'admettre un postulant qui a des titres certains à l'assistance, ou opérant sur l'allocaton mensuelle des déductions non conformes aux règles posées par la loi, serait sans aucun doute réformée par les Commissions d'appel ; mais les décisions relatives au « mode » d'assistance sont sans appel. Dans l'intérêt des aveugles, il conviendrait qu'elles ne le fussent pas, il conviendrait que l'aveugle qui ne peut être utilement assisté à domicile, qui a un besoin certain d'hospitalisation, eût à cet égard un recours contre la décision du Conseil municipal lui refusant ce mode d'assistance et par conséquent lui faisant grief. Cette question fait l'objet d'une des conclusions du présent rapport.

HOSPITALISATION DES AVEUGLES DANS DES CONDITIONS SPÉCIALES

Le Ministère de l'Intérieur s'est préoccupé, à un certain point de vue, de l'hospitalisation des aveugles et j'ai à exposer ici à ce sujet une question qui méritera de retenir l'attention et de faire l'objet de discussions du Congrès. M. le Président du Conseil a adressé aux Préfets, le 18 octobre 1909, la circulaire suivante :

<table>
<tr><td>

MINISTÈRE
DE L'INTÉRIEUR
—
DIRECTION
DE
L'ASSISTANCE
ET DE
L'HYGIÈNE
—
Cabinet du Directeur
—
N° 113

</td><td>

RÉPUBLIQUE FRANÇAISE
———

Paris, le 18 Octobre 1909.

CIRCULAIRE
RELATIVE A L'HOSPITALISATION DES AVEUGLES
———

</td></tr>
</table>

L'hospitalisation des aveugles soulève d'importantes et délicates questions. On peut se demander notamment s'il est de l'intérêt de ces aveugles d'être disséminés comme ils le sont en général aujourd'hui dans les divers établissements hospitaliers, ou si au contraire il ne serait pas préférable, au moins pour un certain nombre d'entre eux, d'être groupés dans des hospices déterminés où leur pourraient être donnés des soins spéciaux appropriés à leur état, où par exemple des livres et journaux en écriture Braille pourraient être mis à leur disposition, où, d'autre part, ceux qui sont encore valides pourraient être mis à même d'effectuer certains menus travaux qui seraient pour eux à la fois une distraction et un moyen de se procurer de petites ressources, où enfin certains aménagements matériels pourraient être disposés de nature à rendre moins pénible leur vie quotidienne. Pour examiner utilement cette question, il est nécessaire qu'une enquête préalable soit instituée ; je vous prie d'y faire procéder dans les divers hospices publics ou privés de votre département. Je désire connaître :

1° Combien, dans chacun de ces établissements, se trouvent actuellement d'aveugles hospitalisés, leur sexe, leur âge, s'ils sont aveugles de naissance ou, dans le cas contraire, l'âge auquel ils ont été frappés de cécité ;

2° Combien d'entre eux connaissent la lecture Braille ;

3° Combien effectuent un certain travail et lequel ;

4° Combien, en raison de leurs facultés intellectuelles et de leur état physique, pourraient effectuer un certain travail, s'ils étaient placés dans des conditions particulières le leur facilitant ;

5° Combien souhaiteraient être hospitalisés dans un établissement spécial où pourraient être réunies des conditions plus favorables à la vie en commun des aveugles ;

6° Combien préfèrent aujourd'hui demeurer où ils sont, mais auraient souhaité, le jour où ils ont été recueillis, être l'objet de l'hospitalisation spéciale visée plus haut ;

7° Si, dans l'hospice considéré, des mesures sont prises en faveur des aveugles hospitalisés et lesquelles ?

Cette enquête, pour fournir d'utiles renseignements, doit être conduite avec un soin particulier et je pourrais dire affectueux, autant que possible par une personne compétente en matière d'assistance aux aveugles, et qui voudra bien prendre la peine de s'entretenir successivement avec chacun des aveugles recueillis dans l'hospice et obtenir ainsi de sincères confidences.

Si vous avez pu constituer dans votre département la Commission spéciale visée par la circulaire ministérielle du 21 décembre 1908, vous la saisirez de la présente communication ; il lui appartiendra de diriger, de concert avec vous, cette enquête, et de vous présenter, avec les renseignements recueillis sur place, ses observations, conclusions et vœux en ce qui concerne toutes questions afférentes à l'hospitalisation des aveugles. Notamment, elle sera consultée par vous sur le point de savoir si l'un ou l'autre des hospices du département se prêterait, et dans quelles conditions, au groupement éventuel d'un certain nombre d'aveugles.

Le Président du Conseil,
Ministre de l'Intérieur et des Cultes,

A. BRIAND.

L'enquête provoquée par cette circulaire n'est pas terminée dans tous les départements. Je crois pouvoir, dès maintenant, affirmer qu'elle n'aura pas été sans produire d'utiles résultats. La 3ᵉ conclusion du présent rapport fournira au Congrès l'occasion d'exprimer son opinion sur ce sujet et de dire s'il lui paraît désirable que, non point d'une façon systématique et générale, mais dans toute la mesure compatible avec l'âge et les convenances familiales des aveugles, ceux-ci, lorsqu'ils doivent être hospitalisés, le soient en des établissements spéciaux.

APPEL A L'INITIATIVE PRIVÉE
POUR LA CRÉATION DE MAISONS COMMUNES D'AVEUGLES .

Enfin, je ne peux terminer ce chapitre sans mettre en lumière un moyen, à mon sens fort utile, que l'initiative privée pourrait employer pour rendre à certains aveugles les plus grands services. Voici des aveugles qui, pour des raisons diverses, ne peuvent ou ne veulent pas être hospitalisés, mais qui cependant n'ont pas de foyer domestique, par exemple des aveugles au moins partiellement valides, susceptibles de faire à domicile de menus travaux, qu'ils ne pourraient point faire à l'hospice ; il y a intérêt pour eux à recevoir l'allocation mensuelle et à se loger en ville. Or, dans les garnis de la ville ils seront dans d'abominables conditions physiques et morales. Il faudrait donc que des philantropes avisés eussent la bonne pensée de leur offrir un gîte, d'organiser des maisons — qui ne seraient point des hospices — qui seraient des hôtels, des « maisons communes d'aveugles », aménagées de façon spéciale pour eux et leur assurant pension à des prix très modiques ; ces pensions en effet dans ma pensée ne seraient pas gratuites ; l'aveugle devant, en échange de sa pension, abandonner à l'établissement l'allocation mensuelle qu'il reçoit de l'assistance.

Ce prix serait évidemment inférieur et notablement inférieur au prix d'entretien réel, et en ce sens l'œuvre de ce philantrope serait, au premier titre, œuvre d'assistance, mais ces recettes ne seraient cependant point négligables ; elles rendraient l'entreprise moins onéreuse, plus accessible en conséquence à des dévouements soutenus par des ressources limitées ; elles permettraient aussi à des philantropes plus fortunés de multiplier ces « maisons d'aveugles », d'en créer dans un plus grand nombre de centres importants.

Autre chose. Voici des aveugles qui ont encore celui-ci une femme, celui-là une fille dont l'affection leur est infiniment chère ; l'hospitalisation — ailleurs qu'aux Quinze-Vingts — c'est la séparation douloureuse, impossible ; ils en écartent l'idée ; ils reçoivent à domicile l'allocation mensuelle. Mais la femme, la fille va-t-elle rester immobilisée près de l'aveugle pour le garder ? Si oui, quel sacrifice, quelle perte de ressources éventuelles qu'elle aurait pu au dehors tirer de son travail ! Combien ces femmes doivent souhaiter loger de telle façon qu'elles puissent aller gagner leur vie dans les conditions ordinaires, qu'elles puissent laisser leur cher aveugle à la maison, sachant qu'il y sera l'objet de soins et de surveillance et qu'il n'y sera pas toute la journée comme enseveli dans son isolement. Et je rêve encore de maisons pour ménages de ce genre, avec de petits appartements séparés et d'un loyer modeste, mais avec un personnel de garde qui pourrait évidemment se composer d'un minimum de personnes dévouées — d'une seule peut-être — et aussi avec une salle commune où, pendant la journée, tandis que femmes et filles vont à l'ouvrage, les aveugles se réuniraient pour y causer et pour s'y distraire. Comme les bonnes volontés seraient aisées à trouver de dames ou de jeunes filles qui leur viendraient faire la lecture ou leur donneraient la joie d'entendre de la musique !

Ces « maisons communes d'aveugles » qui, encore une fois ne seraient pas des hospices, qui n'auraient pas besoin d'être de pompeux édifices, qui seraient proportionnées aux besoins locaux, et qui — j'indique en passant cette considération qui prêterait aux plus faciles et aux plus féconds développements — seraient dans chaque cité le rendez-vous de tous ceux qui s'intéressent au sort des aveugles, qui seraient ainsi le siège social tout indiqué du Comité de patronage des aveugles, et qui assureraient ainsi la création, la permanence, la vitalité d'un tel Comité, ces maisons, dis-je, me paraissent d'une réalisation relativement aisée. Je ne puis ici que poser la question ; l'initiative privée aura assez d'ingéniosité pour en trouver la solution pratique ; je doute qu'elle puisse rien entreprendre de plus utile pour certaines catégories d'aveugles,et peut-être même pour le progrès de l'assistance sociale à l'ensemble des aveugles.

III

Dès le lendemain du jour où la loi d'assistance entra en vigueur, c'est-à-dire au cours de l'année 1907, se posa la question de savoir ce qu'allaient devenir les pensions externes des Quinze-Vingts. L'établissement national des Quinze-Vingts a des ressources propres, de nature et d'origine diverses. Il les emploie à hospitaliser un certain nombre d'aveugles, un nombre rappelé dans son titre même de Quinze-Vingts (15 fois 20 ou 300) et il serait superflu de faire ici l'historique de cette fondation et des éminents services qu'elle a rendus et rend chaque jour aux aveugles. Les frais d'entretien des aveugles dans l'établissement absorbent la presque totalité de son budget. Mais sur les disponibilités de celui-ci, et dans la mesure de ces disponibilités, des pensions externes étaient naguère servies à des aveugles résidant hors de l'établissement. En ces dernières années, le Parlement avait, à diverses reprises, voté en faveur des Quinze-Vingts une subvention spéciale destinée à augmenter le nombre de ces pensions externes. Le crédit sur lequel ces pensions étaient payées se composait donc de deux parties, savoir d'une part ces disponibilités prélevées sur les ressources propres des Quinze-Vingts, après paiement des frais d'hospitalisation, d'autre part la subvention spéciale annuelle allouée par le Parlement. Au 1er janvier 1905, cette subvention s'élevait à 125.000 francs et les pensions externes se décomposaient ainsi :

2.061 Subventions de 100 francs.
  531   —   de 150 —
  233   —   de 200 —

La loi de 1905 survint. Des aveugles pensionnés externes des Quinze-Vingts en sollicitèrent le bénéfice et les Conseils municipaux durent se demander quelle espèce légale de « ressources » ces pensions constituaient pour les titulaires, et selon quelles règles elles devaient entrer en compte pour les déductions.

Sont-ce des ressources privilégiées, au sens que nous avons expliqué plus haut ? Tout d'abord ce ne sont ni des produits du travail, ni des produits de l'épargne personnelle. Sont-ce des « ressources fixes et permanentes de la bienfaisance privée » ? La Commission centrale créée par la loi de 1905, qui juge en dernier ressort et fixe la jurisprudence, examina la question de façon très approfondie et dut reconnaître qu'elles ne sauraient être considérées comme ayant ce caractère. Je reproduis ci-dessous intégralement l'avis émis par elle à ce sujet, dans sa séance du 9 juillet 1907 :

« La Commission centrale,

« Consultée par M. le ministre de l'Intérieur sur la question de savoir si les pensions extérieures allouées à des aveugles sur les fonds des Quinze-Vingts doivent être considérées comme des ressources personnelles des pensionnaires, ou au contraire comme des ressources provenant de la bienfaisance privée au sens de l'article 20 de la loi du 14 juillet 1905 ;

« Vu le rapport du directeur de l'hospice national des Quinze-Vingts en date du 21 novembre 1906 ;

« Vu les délibérations de la Commission consultative de cet hospice en date du 28 novembre 1906 ;

« Vu les autres pièces produites et jointes au dossier ;

« Vu l'avis des sections réunies des Finances et de l'Intérieur du Conseil d'Etat en date du 6 janvier 1862 reconnaissant à l'hospice national des Quinze-Vingts le caractère d'établissement public investi de la personnalité civile ;

« Vu la loi du 14 juillet 1905, et notamment l'article 10 ;

« Considérant que l'hospice national des Quinze-Vingts ayant le caractère d'un établissement public, les fonds versés dans sa caisse et affectés à son fonctionnement constituent des deniers publics ; que, même en ce qui concerne ceux de ces fonds provenant de libéralités faites en faveur des aveugles, il résulte des travaux préparatoires de la loi du 14 juillet 1905 que les dons ou legs faits à un établissement public, revêtu de la personnalité civile, constituent une fois reçus et acceptés, des deniers publics et que les allocations prélevées sur le produit de ces libéralités doivent être considérées comme provenant de la bienfaisance publique, et non de la bienfaisance privée ;

« Est d'avis :

« Que les pensions allouées à des aveugles sur les fonds des Quinze-Vingts doivent être considérées, en l'état actuel de la législation, comme des ressources personnelles des pensionnaires et non comme des ressources provenant de la bienfaisance privée ; que, dès lors, l'allocation mensuelle prévue par l'article 20 susvisé de la loi du 14 juillet 1905, doit être diminuée du montant intégral desdites pensions. »

La conclusion, c'est donc que les pensions des Quinze-Vingts sont des ressources ordinaires, non privilégiées, et qu'ainsi il faut en tenir compte pour le plein de leur valeur dans le calcul des déductions. D'où cette conséquence : les deux aveugles Pierre et Paul, le premier recevant des Quinze-Vingts une pension de 100 fr., l'autre non pensionné, appartiennent à une commune où le taux de l'allocation mensuelle de la loi de 1905 est de 15 fr. par mois, 180 fr. par an. A Paul sans ressources, le Conseil municipal, conformément à la loi, donnera donc ce taux plein de 15 fr. par mois. A Pierre, qui dispose de 100 fr. de ressources, il donnera par an 180 fr. moins 100 fr. soit 80 fr., c'est-à-dire 6 fr. 66 par mois.

Comparez maintenant la situation de ces deux aveugles. Tous deux reçoivent par an une somme totale de 180 fr. et déjà il apparaît que Pierre ne tire aucun avantage de sa pension des Quinze-Vingts. Mais il y a plus. Les allocations de la loi de 1905 sont mensuelles, les pensions des Quinze-Vingts étaient payées par trimestre. Tandis que Paul, le non pensionné des Quinze-Vingts, touchait chaque mois ses 15 francs dans sa commune, Pierre le pensionné, ne touchait ces jours-là que 6 fr. 66, plus — des Quinze-Vingts — 25 francs chaque trimestre (1). Il est clair que le budget de Paul était de ce fait plus facile à régler et qu'en fin de compte, la pension des Quinze-Vingts — au moins de façon très générale — au lieu d'apporter à son titulaire des avantages ne lui causait que des désagréments. Le fait est si vrai que, dès 1907, certains pensionnés, pour se soustraire à ces ennuis, abandonnèrent spontanément leur pension des Quinze-Vingts.

Devant une telle situation, le Ministère de l'Intérieur cessa d'accorder des pensions nouvelles et ne remplaça pas les titulaires décédés ou démissionnaires. Des membres du Parlement s'émurent de cette décision, en vinrent demander les causes qui leur furent comme ci-dessus expliquées, acquirent la con-

(1) On pourrait répondre : « Les Quinze-Vingts n'ont qu'à faire des paiements mensuels ». Ce sont là choses plus faciles à dire qu'à faire. On voit alors la complication de comptabilité, se traduisant totalement par une augmentation du personnel, donc des frais.

viction qu'il fallait modifier sur ce point la loi de 1905, et dans la séance de la Chambre des Députés du 8 décembre 1907, MM. Vazeille et Plissonnier proposèrent à la loi de finances une disposition additionnelle ainsi conçue : « Les pensions des Quinze-Vingts n'entreront pas en ligne de compte dans le calcul des déductions à opérer en vertu de l'art. 20 de la loi du 14 juillet 1905 ». Après une discussion, dont le mieux que je puisse dire est qu'elle fut un peu confuse, cette proposition ne fut pas adoptée.

Cette décision de la Chambre devait nécessairement entraîner la suppression des pensions externes telles qu'elles avaient été jusqu'à ce jour distribuées. C'est ce qui advint. Cette suppression ne fut pas effectuée pour l'année 1908 parce que le Parlement avait maintenu son crédit de subvention. Mais dans le budget pour l'exercice 1909, la Commission du budget, prenant acte des décisions antérieures, supprima cette subvention.

LA COMMISSION PERMANENTE

LE NOUVEAU CHAPITRE DU BUDGET

J'ouvre ici une parenthèse. Dès ce moment, le Ministère de l'Intérieur disait à la Chambre : « Laissez aux aveugles ce crédit. Il ne sera point distribué en pensions externes, c'est entendu. Mais il sera affecté à une autre œuvre d'assistance aux aveugles. Il nous servira à fortifier la lutte contre la cécité, à améliorer et à étendre les œuvres d'assistance par le travail aux aveugles ». La Commission du budget, sur le rapport de M. Jeanneney, approuva en principe ces conclusions, se déclara prête à consentir cette subvention de 125.000 fr. le jour où le Gouvernement lui soumettrait tout un plan méthodique de répartition, elle décida donc de supprimer le crédit pour 1909 et d'attendre que l'an prochain ce plan lui fût soumis.

Le Ministère de l'Intérieur fit le nécessaire. Le 6 janvier 1909, « un Comité permanent d'étude pour l'assistance aux aveugles » (1) fut nommé par M. Clémenceau, président du Conseil, et la première tâche qui lui fut assignée par le Gouverne-

---

(1) Cette Commission fut ainsi constituée : Président, M. le sénateur Labrousse ; vice-président, M. Mirman, directeur de l'Assistance et de l'Hygiène publiques ; membres voyants. MM. Dussouchet, Lefèvre, Péphaut, Mlle Régnier, Rondel, Vaughan, Winter, M. le docteur Chevallereau, M. le docteur Motais, M. le docteur Cosse. Membres aveugles : MM. Charbonneau, Couillard, Freyssinier, Lotz, Mahaut, M. Rémy, de la Sizeranne, Villey ; ultérieurement furent nommés trois membres de plus, savoir : MM. Lucien Descaves et A.-H. Montégut, publiciste ; M. le directeur de l'École de Dijon, M. Boyer.

ment consista à élaborer ce projet de répartition, projet qui ne
lie pas le Gouvernement, mais qui constitue une sérieuse base
d'appréciation. Muni de ce plan, le Ministère de l'Intérieur, dans
son projet de budget pour 1909, proposa d'inscrire un chapitre
nouveau ayant pour titre : « Subventions pour les œuvres d'assistance par le travail, spéciales aux aveugles, et pour l'application des mesures préventives de la cécité » et grâce à l'appui
chaleureux de M. F. Arago, rapporteur de la Commission du
budget, la Chambre dota ce chapitre d'un crédit de 125.000 fr.
que le Sénat a ratifié.

La création de ce chapitre, de ce fonds de subvention spéciale
aux œuvres ci-dessus définies va incontestablement ouvrir, dans
l'histoire de l'assistance aux aveugles en France, une ère nouvelle ; ce n'est pas le lieu ici de rechercher toutes les conséquen-
ces fécondes qui en pourront résulter, mais j'ai pensé qu'il était
utile de rappeler à cette place l'origine même de cette création,
les circonstances dans lesquelles elle s'est accomplie et de mon-
trer comment cet événement, heureux pour les aveugles, fût
une des premières répercussions sociales de notre loi du 14 juillet 1905.

COMMENT FUT OPÉRÉE LA SUPPRESSION DES PENSIONS
DES QUINZE-VINGTS

Cela dit, je reviens aux pensions des Quinze-Vingts. Leur suppression donc s'imposait. Elle fut effectuée pour la Seine à
partir du 1er janvier 1909 et pour les autres départements à partir du 1er avril. Mais elle le fut avec les précautions nécessaires.

Il ne fallait pas s'exposer à ce que ces pensionnés qui avaient
été repoussés de la loi de 1905 ou qui n'en avaient reçu qu'une
allocation réduite à cause de la pension des Quinze-Vingts
dont ils étaient titulaires, se vissent supprimer ladite pension
sans qu'en même temps, la loi d'assistance produisît pour eux
tout son effet utile. Nous fîmes tout ce qu'il était administrativement et humainement --- car les deux mots sont beaucoup
moins contraires que souvent on ne le croit --- possible de
faire pour atteindre ce but. Par nos soins, chacun des pensionnés reçut une lettre personnelle lui expliquant les raisons
qui rendaient cette suppression inéluctable dans les circonstances présentes, et lui indiquant la marche à suivre pour obtenir le plein bénéfice de la loi d'assistance. Nous fîmes davan-

tage ; à cette lettre était jointe une lettre qu'il n'avait plus qu'à signer et à remettre au maire de sa commune, et où sa demande était exposée. D'autre part, dans chaque commune où de tels pensionnés demeuraient, une lettre personnelle fut adressée au maire, lui donnant la liste desdits pensionnés, lui annonçant la demande relative à la loi de 1905 qu'il allait recevoir d'eux, et le priant de l'examiner, avec son Conseil municipal, de façon prompte et bienveillante. Enfin, par circulaire, les Préfets furent invités à suivre ce qui allait à ce sujet se passer dans les communes, et dans le cas où il leur semblerait que ces demandes n'auraient pas été accueillies équitablement, ils furent invités à prendre au besoin l'initiative de recours devant les commissions d'appel dans l'intérêt des aveugles.

CRÉATION DE SECOURS SUPPLÉMENTAIRES DES QUINZE-VINGTS

Enfin, d'accord avec la Commission consultative des Quinze-Vingts, nous eûmes recours à cette mesure que je devrais appeler d'un nom que je justifierai plus loin : un expédient. Avec les disponibilités propres au patrimoine des Quinze-Vingts et qui naguère couvraient une partie seulement des frais des pensions externes, il fut décidé que des « secours temporaires et toujours révocables » seraient accordés à diverses catégories d'aveugles.

D'abord à ceux, en petit nombre, qui touchant naguère des Quinze-Vingts une pension de 150 ou 200 francs, se trouvent dans une commune où le taux de l'allocation mensuelle détermine une annuité inférieure à ce chiffre ; ceux-là reçurent, en plus de ladite allocation de la loi de 1905, un secours des Quinze-Vingts qui, ajouté à leur pension d'assistance, leur constitue un budget annuel respectivement de 150 ou de 200 francs. A ces anciens pensionnés, la loi de 1905 n'a donc apporté aucun avantage, mais, grâce à notre expédient, la mesure de suppression des pensions n'a fait subir aucun préjudice.

Puis nous considérâmes les anciens pensionnés à 100 francs se trouvant dans des communes où le taux de l'allocation mensuelle a été fixé au minimum de 5, 6, 7 fr. déterminant ainsi une pension annuelle d'assistance de 60, 72, 84 fr. A tous ceux-là, un secours des Quinze-Vingts fut attribué, secours complémentaire calculé de façon qu'ajouté à la pension d'assistance, il constitue pour l'aveugle un budget annuel, non pas égal, mais supérieur à leur ancienne pension des Quinze-Vingts, un budget de 120 fr. A ces anciens pensionnés, l'ensemble de ces mesures (loi de 1905, suppression des pensions des Quinze-Vingts, création des secours) a donc apporté, par comparaison avec leur situation antérieure, une légère amélioration (de un cinquième exactement).

C'est tout ce que nous pûmes faire sur l'exercice 1909. A partir de cette année 1910, nous ferons davantage, nous étendrons ainsi le champ de nos bénéficiaires. Ce secours complémentaire dont je viens de parler au précédent paragraphe et qui porte à 120 francs le budget d'assistance de l'aveugle, nous l'accorderons à tous les aveugles nécessiteux de France, non anciens pensionnés des Quinze-Vingts, et se trouvant dans les communes où le taux de l'allocation de la loi de 1905 est inférieur à 10 fr. Par circulaires aux Préfets, par lettres aux maires, nous avons — grâce au zèle de l'administration des Quinze-Vingts — cherché, dépisté tous les intéressés, nous avons été au-devant d'eux, nous avons provoqué leurs demandes, nous les avons pris par la main.

De telle sorte qu'au point de vue de l'assistance à domicile, sous forme de paiement de pensions, la situation des aveugles pauvres de France, avant et après la loi de 1905, peut se résumer ainsi :

Avant la loi, 3.000 aveugles environ reçoivent une pension (celle des Quinze-Vingts) savoir 2.001 une pension de 100 francs, 531 une pension de 150 francs, 233 une pension de 200 fr. Beaucoup de demandes, peu d'élus. Les postulants doivent attendre de longues années, mettre en jeu mille recommandations.

Après la loi. Beaucoup d'anciens pensionnés reçoivent, du fait de la loi de 1905, des pensions d'assistance supérieures à leur ancienne pension des Quinze-Vingts. Exemple : ils touchaient naguère 100 francs ou 150 francs ou 200 francs des Quinze-Vingts, ils touchent aujourd'hui une pension d'assistance de 360 francs à Paris, de 300 francs dans presque toute la banlieue de Paris, ou à Versailles, Troyes, Rouen, Saint-Étienne, Orléans, etc., de 240 francs dans un grand nombre d'autres communes, et ceux-là naturellement ne reçoivent des Quinze-Vingts aucun secours complémentaire.

Quelques-uns, anciens pensionnés à 150 ou 200 francs, résidant dans des communes où la pension d'assistance est inférieure à ce taux, reçoivent des Quinze-Vingts un secours complémentaire, et ne perdent rien.

Tous les anciens pensionnés à 100 francs reçoivent aujourd'hui par la pension d'assistance et le secours complémentaire une annuité de 120 francs.

Maintenant, détournons nos yeux des anciens pensionnés des Quinze-Vingts, qui constituaient la petite minorité privilégiée des aveugles de France. Les non-pensionnés, avant la loi de 1905, ne recevaient rien ; aujourd'hui, à moins qu'ils n'aient des ressources, tous, sans exception, ou bien avec leur consentement sont hospitalisés, ou bien reçoivent, payée dans leur commune par mensualités régulières, une pension qui est ici de 360, là de 240, là de 150 ou de 120 francs, mais qui, dans le cas où elle est inférieure, serait relevée à ce dernier taux, grâce au secours complémentaire des Quinze-Vingts (1).

PRÉCARITÉ DE LA SITUATION ACTUELLE

Il reste que cette mesure qui a créé les « secours complémentaires » est un expédient, j'allais dire un subterfuge légal. Je dois expliquer ces mots afin de justifier la conclusion correspondante que je soumettrai sur ce point au vote du Congrès.

Nos « pensions » des Quinze-Vingts ne pouvaient, nous l'avons vu, se cumuler avec la pension d'assistance ; elles entraînaient sur celle-ci des déductions égales à leur valeur propre. Les « secours » au contraire peuvent se cumuler, parce qu'ils constituent des ressources aléatoires, précaires, parce qu'ils ne sont pas accordés à titre définitif, parce que, pour être renouvelés, ils doivent faire l'objet d'une nouvelle demande. On voit combien cette précarité est fâcheuse pour les aveugles. Qu'on ne la reproche pas au Gouvernement, puisqu'il est lui-même contraint, par la loi actuelle, de donner ce caractère

(1) Sur la proposition de M. Bouveri, la Chambre des Députés a, à l'occasion du budget pour 1910, attribué aux Quinze-Vingts un crédit de 250.000 fr. S'il était maintenu par le Sénat, le secours complémentaire des Quinze-Vingts permettrait d'élever, en faveur de tous les aveugles bénéficiaires de la loi de 1905, le taux de la pension d'assistance, non plus seulement à 120 francs, mais à un chiffre supérieur que je ne saurais déterminer avec précision, mais qui ne doit pas être éloigné de 150 francs. A l'heure où j'écris ces lignes, j'ignore ce qu'il adviendra finalement de ce crédit. S'il était définitivement voté par le Parlement, on voit combien peu de choses il suffirait de changer à cette partie du présent rapport pour la mettre tout à fait au point.

Et puisque je parle de l'avenir, je dois indiquer ici une éventualité très probable et très prochaine : la Chambre des Députés, au cours de la discussion de la loi de finances pour 1910, a clairement indiqué son désir de modifier la loi de 1905 en élevant de 5 francs à 10 francs par mois, par conséquent de 60 à 120 francs par an le minimum légal de la pension d'assistance. Lorsque cette éventualité se réalisera, la question se posera de savoir ce que deviendront les secours complémentaires ci-dessus définis. Il n'est pas téméraire de penser que, dans ce cas, les secours complémentaires seraient attribués de façon à élever, par exemple, jusqu'à 150 francs, le budget d'assistance de l'aveugle.

de précarité aux secours afin de rendre le cumul possible. Si\ la loi n'étant pas modifiée, il déclarait que ces secours ont la .régularité, la fixité, la permanence d'une pension, qu'ils ne doivent pas être redemandés chaque année par les intéressés, du même coup les commissions contentieuses, chargées, non de faire les lois, mais de les appliquer, auraient, je ne dis pas le droit, mais le devoir de constater qu'il n'y a pas là de véritables secours, mais des pensions proprement dites, qu'en conséquence il y a lieu à déduction et nous serions ramenés au point de départ.

Faut-il que le Gouvernement affirme officiellement que ce sont bien des secours, mais qu'en fait il abolisse en cachette tous les caractères ci-dessus indiqués qui définissent le secours et le distinguent de la pension ? Cette... insincérité est impossible.

Je conclus que l'expédient des secours ne peut être que transitoire et que, sur ce point, il est de toute nécessité de modifier la loi de 1905. Le Parlement paraît être revenu de l'état d'esprit où il était quand, en 1907, il repoussait l'amendement Vazeille-Plissonnier, il paraît vouloir que ces secours complémentaires des Quinze-Vingts (qui seront désormais accordés non plus à quelques centaines de privilégiés, mais à tous les aveugles remplissant des conditions déterminées, appartenant à des communes où le taux de la pension d'assistance est faible), se cumulent avec ladite pension, faute de quoi ils perdraient manifestement toute efficacité. Il y a donc un intérêt de premier ordre à ce qu'il le dise nettement, à ce qu'il l'écrive dans la loi de 1905, et le Congrès voudra sans doute, en adoptant la conclusion correspondante que je lui proposerai, émettre le vœu que le Parlement introduise à bref délai cette précision dans la loi d'assistance.

IV

Dans la quatrième partie de cette étude, je me propose de traiter la question des aveugles mineurs, en me plaçant toujours au point de vue spécial de la loi de 1905.

LES ENFANTS AU-DESSOUS DE 16 ANS

La loi de 1905 ne s'applique pas aux infirmes et incurables de tout âge, mais seulement à ceux qui ont 16 ans accomplis.

A la vérité, elle ne le dit pas expressément, mais par voie d'interprétation, la Commission centrale a dû, dans le silence du législateur, tirer cette conséquence des principes qu'il avait posés. La loi reconnaît un droit à l'assistance aux infirmes qui, par leur infirmité même, sont mis dans l'impossibilité de gagner leur vie. Est-ce le cas d'un enfant aveugle — ou paralytique — de deux ans par exemple ? Evidemment non. Si cet enfant ne peut gagner sa vie ce n'est pas parce qu'il est infirme, c'est parce qu'il est à un âge où, même sans infirmité, il ne pourrait la gagner. Cela est vrai jusqu'à l'extrémité de l'âge scolaire. Où donc placer la limite ? Il n'y a plus ici évidence et la question devient délicate et controversable. La Commission centrale, se laissant guider par tout un ensemble d'analogies, a fixé l'âge de 16 ans. Il résulte en effet de diverses dispositions législatives dont le nombre va chaque jour croissant que cet âge de 16 ans est celui à partir duquel un enfant normal est présumé pouvoir se suffire à soi-même par son travail (1).

Je diviserai donc les enfants aveugles en deux catégories, au-dessous ou au-dessus de 16 ans. Pour les premiers, il semble qu'il n'y ait rien à ajouter à cette constatation : que la loi de 1905 ne leur est pas applicable. Le présent exposé, pour être complet, doit cependant fournir quelques explications complémentaires.

Le Sénat est actuellement saisi d'une proposition de loi, due à l'initiative de M. Rey, et qui a pour objet d'étendre la loi de 1905 aux enfants infirmes au-dessous de 16 ans, avec des modalités spéciales à déterminer. Et cette détermination est précisément tout le problème, qui est fort complexe. Chacun s'accorde en effet à reconnaître que si, dans certains cas, la Nation doit intervenir dans l'intérêt de ces enfants infirmes, elle ne peut le faire utilement, dans la généralité des cas, sous forme d'allocation mensuelle à servir aux parents. Il convient ici de distinguer entre les infirmes, de rechercher ceux qui sont susceptibles de recevoir une instruction professionnelle, ceux qui peuvent, grâce à un apprentissage spécial, être en totalité

(1) C'est ainsi que dans la loi du 9 avril 1898, sur les accidents du travail, en cas d'accident entraînant la mort du père ou de la mère, les enfants de la victime reçoivent une pension annuelle jusqu'à 16 ans. Et dans notre loi même de 1905, le législateur ayant voulu, à l'égard des privilèges faits, pour le calcul des déductions aux produits de l'épargne, favoriser de façon spéciale et complémentaire les chefs de famille, a institué une règle de faveur pour les postulants « ayant élevé au moins trois enfants jusqu'à 16 ans » indiquant ainsi que, en général, au-dessous de cet âge, les enfants sont une charge pour les parents, et qu'au-dessus ils peuvent normalement se suffire par leur travail personnel.

ou en partie adaptés ou réadaptés à la fonction sociale, et ceux au contraire qui, inaptes à bénéficier d'un tel traitement, ne peuvent être l'objet que de mesures de garde, de surveillance, d'hospitalisation. Cette question ne saurait être approfondie ici ; mais elle devait y être posée. Elle est actuellement soumise au Conseil supérieur d'assistance publique. J'estime que, en ce qui concerne spécialement les enfants aveugles — et aussi les sourds-muets — les débats qui seront institués à ce sujet, soit devant ce Conseil, soit devant le Sénat, auront au moins pour heureux résultat de rappeler avec force que la Nation ou, pour employer un terme plus administratif, que l'État a le devoir de prendre tous ces enfants, de leur assurer un enseignement complet, intellectuel et technique. C'est une tâche qui, dans ma pensée, ressortit expressément au Ministère de l'Instruction Publique auquel, dans le seul intérêt de ces malheureux enfants, je serais personnellement heureux de voir rattaché tout ce qui concerne l'enseignement des sourds-muets à des aveugles, comme le Parlement lui a justement confié, à une date récente, l'organisation des écoles spéciales pour certains arriérés scolaires (1).

AU-DESSUS DE 16 ANS

A partir de seize ans, l'enfant aveugle peut donc bénéficier de la loi de 1905 sous réserve, bien entendu, que ses parents, tenus envers lui par la loi naturelle et le Code civil à l'assistance, ne soient pas en état d'accomplir cette tâche. Et voici la question fort intéressante qui se dresse et sur laquelle j'appelle l'attention du Congrès comme déjà j'ai demandé à M. le Président du Conseil d'appeler l'attention des Préfets et par ceux-ci des assemblées locales (2). Que fera-t-on pour ce jeune aveugle de 16 ans, et dont la famille est nécessiteuse ? Trop souvent on se trouvera en face d'enfants incapables encore de gagner leur vie par leur travail. Va-t-on leur donner l'alloca-

(1) Est-il nécessaire d'ajouter que, dans les cas d'extrême misère, ces enfants infirmes de moins de 16 ans ne restent pas aujourd'hui sans secours, La loi du 27 juin 1904 a défini les conditions dans lesquelles les services départementaux des enfants assistés doivent non seulement recueillir comme pupilles les enfants mineurs orphelins, abandonnés, mais encore prévenir l'abandon des enfants en accordant au père ou à la mère, sous certaines conditions, des secours temporaires mensuels sans lesquels l'enfant risquerait ou de périr au foyer familial ou d'être totalement et définitivement abandonné par les parents à l'assistance.

(2) Circulaire du Ministre de l'Intérieur (Direction de l'Assistance et de l'Hygiène publiques)- du 11 juillet 1906.

tion mensuelle à domicile ? Sans doute cette assistance pourra atténuer certaines misères aiguës. Mais qui ne voit qu'il y a mieux à entreprendre, quelque chose à la fois de plus humain et de plus économique. Je m'explique.

Habitué dès 16 ans à recevoir cette mensualité, à être traité comme un vieillard ou comme un infirme définitif, il est à craindre que l'enfant aveugle ne trouve plus en soi la force morale nécessaire pour compléter son instruction technique. Il sera donc jusqu'à sa mort un assisté.

Ne serait-il pas meilleur, plus sage, de lui fournir un autre mode d'assistance, de lui permettre d'apprendre un métier, de faire ou de compléter son apprentissage spécial. Pendant quelques années ce mode d'assistance coûtera plus cher à la collectivité, mais ce sacrifice temporaire paraîtra léger si grâce à lui la nation acquiert un travailleur, un homme libre, un citoyen.

Comment, en pratique, atteindre ce but ? La loi de 1905, instrument de progrès social, imparfait encore sans doute, mais infiniment plus souple, plus complexe, plus utile qu'on ne le croit généralement, en offre le moyen ; elle offre même deux moyens d'action.

L'ASSISTANCE DANS UNE ÉCOLE PROFESSIONNELLE

1° Je rappelle qu'un infirme peut recevoir, s'il y consent, l'assistance sous forme d'hospitalisation et être placé alors, aux frais du service, dans un établissement public ou privé ; le Conseil municipal de la commune dont dépend l'intéressé choisit cet établissement sur une liste dressée par le Conseil général en vertu de l'article 24.

« Le Conseil général désigne les établissements privés qui peuvent..... recevoir des vieillards, des infirmes ou des incurables et il approuve les traités passés pour leur entretien. »

Il serait extrêmement désirable qu'un enfant aveugle de 16 ans — ou même un aveugle plus âgé, mais jeune encore — fût placé, non certes dans un hospice, mais dans un établissement spécial où il recevrait une instruction technique, dans une école professionnelle ou dans un atelier d'aveugles. Dans la circulaire précitée du 14 juillet 1908, le ministre de l'Intérieur a fait savoir aux Préfets qu'il était disposé à interpréter la loi de 1905 de façon que ces écoles professionnelles soient comprises parmi les établissements publics ou privés où les bénéficiaires de ladite loi sont placés aux frais du service. Le

Conseil général de chaque département n'a donc qu'à inscrire sur sa liste l'école professionnelle d'aveugles la plus voisine. Les jeunes aveugles qui y seront placés, avec la procédure de la loi de 1905, y seront entretenus aux frais communs des communes, du département et de l'Etat.

L'ASSISTANCE CHEZ LES PARTICULIERS ET L'APPRENTISSAGE

2° A défaut de cette liste, on peut encore se servir du placement dit familial. « Ceux — dit la loi — qui ne peuvent être utilement assistés à domicile sont placés, s'ils y consentent, soit dans un hospice... soit chez des particuliers. » Ils sont chez des particuliers mis en pension ; un contrat est passé avec le particulier qui les reçoit, et un prix de pension lui est payé, variable selon les cas, mais qui peut atteindre le prix que l'on paierait à l'hospice voisin.

S'agissant d'un jeune aveugle, on peut donc le placer soit chez le directeur de l'école professionnelle voisine, soit — à défaut de telle école — chez un particulier judicieusement choisi et qui prendra l'engagement de lui apprendre un métier. Celui qui sera l'objet d'un tel placement, selon la procédure de la loi de 1905, y sera entretenu, ici encore, aux frais communs des trois collectivités.

Voilà ce que l'on peut faire. Il reste à le faire. Il y a donc lieu de faire campagne auprès des Conseils municipaux, à qui appartient la décision, pour appeler leur attention sur la nécessité de donner aux jeunes aveugles cette assistance prévoyante et sage, pour leur bien expliquer qu'ils peuvent se servir ainsi de la loi de 1905 et pour les décider à s'en servir en vue de réaliser cette assistance éducative, la meilleure et la plus digne de toutes. Les grandes sociétés et tous les comités de patronages d'aveugles sont bien placés pour entreprendre cette campagne de propagande, et ce sera l'objet d'une de mes conclusions.

Une conclusion précédente se réfère aussi au même sujet. Il faut prévoir l'inertie, la mauvaise volonté de certains Conseils municipaux. J'ai montré plus haut que leurs décisions étaient sans appel en ce qui concerne « le mode d'assistance ». Ainsi leur droit de refuser à un jeune aveugle cette assistance éducative est aujourd'hui absolu. Ces refus devraient être susceptibles de recours. Une modification, sur ce point, de la loi de 1905 serait particulièrment favorable aux aveugles.

V

CONCLUSIONS

Les conclusions présentées ici ont été expliquées et, je l'espère, justifiées au cours de ce rapport. Je n'ai dons plus qu'à leur donner la forme précise de projets de résolution ou de vœux. Les quatre premiers peuvent déterminer dès demain une action utile, en utilisant au mieux la loi de 1905 dans sa forme actuelle. Le cinquième tend à apporter à ladite loi trois modifications importantes :

I. Que des Comités de patronage aident les aveugles sans ressources à faire valoir leur droit au bénéfice de la loi du 14 juillet 1905, leur expliquant les limites de ce droit, leur indiquant les démarches à faire et les formalités à remplir, afin que les intéressés ne soient pas exposés ou à ne pas demander ce qui doit leur être attribué, ou à présenter inutilement des demandes inacceptables.

II. Qu'une campagne de propagande soit entreprise, par voie de circulaires, de brochures et par voie de la Presse, auprès des Conseils municipaux pour les engager à accorder l'assistance à tout aveugle jeune et professionnellement éducable, non sous forme d'allocation mensuelle, mais sous la forme d'un placement, à maintenir pendant toute la durée de l'apprentissage nécessaire, dans une école professionnelle spéciale ou, à défaut de telle école, par le placement chez un particulier qui s'engagera à enseigner un métier au jeune aveugle.

III. Que les aveugles qui ne peuvent recevoir utilement que l'hospitalisation soient, autant que possible, groupés dans des quartiers d'hospice où l'on pourra, simplement et à peu de frais, améliorer les conditions matérielles et morales de leur vie en commun.

IV. Que dans chaque centre important l'initiative privée aménage des « maisons communes » d'aveugles où, en échange d'un prix de pension égal à l'allocation mensuelle qu'ils reçoivent de la loi de 1905 et qu'ils abandonneraient à l'établissement, puissent être logés et entretenus dans de bonnes conditions d'hygiène les aveugles susceptibles de travailler ou dont la femme et la fille vivant avec eux est obligée de travailler au dehors.

V. Que la loi du 14 juillet 1905 soit modifiée ainsi qu'il suit :

a) Que les décisions des Conseils municipaux relatives au mode d'assistance soient susceptibles de recours devant les Commissions cantonales et la Commission centrale.

b) Qu'il soit dit expressément que les secours ou pensions complémentaires des Quinze-Vingts n'entreront pas en compte pour le calcul des déductions.

c) Que le produit du travail des aveugles n'entre pas en compte pour le calcul des déductions jusqu'à 300 francs par an.

DE L'ÉDUCATION DES JEUNES AVEUGLES
DANS DES ÉCOLES MATERNELLES SPÉCIALES

RAPPORT

Présenté par M. GILLE

Directeur de l'Institut Départemental des Aveugles de la Seine

La question ne se pose plus de savoir si les enfants atteints de cécité sont susceptibles de profiter de l'enseignement qui leur est donné. Si, pendant longtemps, les aveugles ont été considérés comme des malheureux dont on devait soulager la détresse par humanité, il n'en est plus ainsi depuis que Valentin Haüy, le premier professeur d'aveugles, a montré ce qu'on pouvait attendre d'une instruction pratique donnée avec intelligence et dévouement. Les résultats obtenus depuis un siècle, tant en France qu'à l'étranger, prouvent surabondamment que les aveugles à qui on accorde des avantages égaux à ceux qu'on accorde aux clairvoyants, deviennent pour la plupart capables de subvenir à leurs besoins.

Ces enfants sont donc aptes à s'instruire. D'autre part, ils ont les mêmes droits à l'éducation que les clairvoyants. De par leur infirmité, leurs besoins sont même plus grands, et ils ont plus de droits à la sollicitude de la Patrie : « La société doit « donc donner aux jeunes aveugles les moyens d'acquérir une « instruction pratique qui leur permette de devenir des citoyens « à la fois utiles et heureux », suivant la formule expressive dont se servait M. Campbell, directeur du Collège royal des jeunes aveugles de Londres, au Congrès universel de 1900.

Malheureusement, les institutions qui dispensent l'éducation aux aveugles dans notre pays sont encore en nombre insuffisant pour satisfaire à tous les besoins. Malgré la loi du 28 mars 1882 sur l'instruction primaire obligatoire, l'Etat, en dehors de l'Institution nationale qu'il entretient, n'a pour ainsi dire rien fait pour l'enseignement des jeunes aveugles. Un paragraphe de l'article 4 de cette loi prévoyait bien un règlement d'administration publique qui devait organiser cet enseignement, mais ce règlement reste toujours à faire.

Nous devons constater toutefois qu'un grand mouvement d'opinion, auquel le Gouvernement participe, se dessine depuis quelque temps en faveur de l'éducation des enfants atteints de cécité. Il faut en profiter, nous les amis des aveugles, pour obtenir, à bref délai, des pouvoirs publics, les décisions qui mettront fin à une grande injustice. Il ne faut pas qu'il puisse être dit que dans notre beau pays, où l'on s'ingénie à soulager toutes les infortunes et à venir en aide à tous ceux qui ont besoin de secours, une catégorie de déshérités du sort restera négligée plus longtemps.

L'œuvre qui nous sollicite est belle autant que juste : nous devons unir tous nos efforts pour la mener à bien.

Par quoi commencerons-nous ? Par l'école du tout premier degré : j'ai nommé l'école maternelle, laquelle recevra les jeunes aveugles dès l'âge de trois ans, comme nous le faisons à l'Institut départemental de la Seine (Ecole Braille), à Saint-Mandé.

Est-ce à dire que jusqu'à cet âge, on ne s'occupera pas de l'éducation des enfants frappés de cécité ? Nullement. J'estime, au contraire, que l'éducation du petit aveugle doit être entreprise dès la plus tendre enfance, comme celle du clairvoyant, d'ailleurs. Notez qu'elles ne seront pas différentes l'une de l'autre : il n'y a pas deux manières d'apprendre aux bébés, voyants ou non, à téter, à boire au biberon, à manger et même à se tenir sur les jambes ! La maman du petit aveugle devra peut-être y apporter plus de dévouement et plus de soins, mais quelle est la mère qui se plaindra de trop se sacrifier à son enfant ? Car je tiens à dire qu'il appartient exclusivement à la mère de donner cette première éducation. Il ne me paraît pas nécessaire, même au cas où il serait possible de recruter de jeunes aveugles pour peupler des crèches, de créer des établissements de ce genre pour ces petits malheureux. Si une maman ne peut élever son enfant aveugle, qu'elle le confie à la crèche ou à la pouponnière des clairvoyants.

Mais dès que le jeune aveugle marche et parle, la famille peut, et par conséquent doit, le mettre à l'école maternelle spéciale. Pourquoi ? Outre ce qui vient d'être dit plus haut, il y a à cela d'autres raisons, qui paraissent s'opposer entre elles, mais qui correspondent à des situations bien distinctes des enfants aveugles dans les familles.

Ou bien les parents, dans leur grande commisération et leur tendresse excessive pour le petit infortuné, ne lui laisseront faire aucun mouvement spontané, préviendront tous ses désirs, s'ingénieront même à les deviner pour ne pas lui laisser la peine de les formuler ; et l'enfant ne se développera ni physiquement, ni intellectuellement, ni moralement. Il restera inerte sur son lit ou sur sa chaise chaque fois qu'il n'aura personne pour s'occuper spécialement de lui, et il arrivera à cinq, à six ans, et plus (comme j'ai vu plusieurs candidats à l'Ecole de Saint-Mandé), chétif, malingre, débile de corps et d'esprit, et de caractère détestable.

Ou bien les parents, absorbés par les préoccupations de la vie quotidienne, négligeront le jeune aveugle, lequel prendra des attitudes défectueuses, des tics, deviendra mélancolique, « sauvage », et ne saura ni parler, ni manger, ni être propre à un âge où cette éducation première devrait être achevée. Ou bien encore, dans certaines familles dont la misère a perverti les sentiments, l'enfant sera volontairement abandonné à lui-même jusqu'au moment où on pourra le sortir sur la voie publique pour attirer la pitié des passants et surtout leur aumône.

Ainsi donc, dès l'âge de trois ans, l'école maternelle doit recevoir le petit aveugle (garçon et fille). Beaucoup de parents hésiteront à se séparer de leurs enfants si jeunes encore : c'est aux directeurs d'établissements à user de persuasion pour obtenir le placement de ces élèves. Il y va de leur intérêt, car il a été remarqué à l'Ecole Braille, depuis la création, en 1807, de son école maternelle, que ses pupilles se développaient d'autant plus vite et plus complètement qu'ils lui étaient confiés plus jeunes, étant donné, bien entendu, qu'ils n'étaient atteints d'autre tare que leur cécité : je n'insiste pas, tous les éducateurs, et ils sont nombreux au Congrès, comprendront les raisons de ce qui vient d'être constaté.

L'école maternelle pourra garder ses jeunes élèves jusqu'à sept ans.

Le principe de la création de ces écoles maternelles étant admis, plusieurs questions se posent immédiatement :

1° Les écoles devront-elles être nombreuses ?

2° Où les placera-t-on ?

3° Comment les installer ?
4° Qui les dirigera ?
5° Qu'y fera-t-on ?

Nous allons examiner successivement ces divers points.

1° LES ÉCOLES MATERNELLES POUR AVEUGLES SERONT-ELLES NOMBREUSES ?

Une école maternelle annexée à chacune des futures écoles régionales me paraît suffisante pour donner satisfaction aux besoins de l'éducation des petits aveugles, le nombre de ces derniers n'étant pas assez grand pour justifier la création d'établissements plus nombreux. Et puis, il ne faut pas oublier que le fonctionnement de chacune d'elles nécessitera des dépenses relativement élevées !

Pour assurer le succès de l'œuvre, il me paraît expédient de n'installer qu'un petit nombre d'écoles, avec une population de 20 à 30 enfants, mais de les installer d'une façon parfaite à tous les points de vue.

2° OU PLACERA-T-ON CES ÉCOLES MATERNELLES ?

Près des cliniques ophtalmologiques prévues par la loi Labrousse. Nos jeunes pupilles trouveront ainsi à leur portée les soins médicaux que réclame leur état : en effet, beaucoup d'entre eux pourront être atteints de maladies d'yeux dont l'évolution ne sera pas complète ; il est donc de toute nécessité qu'ils vivent à proximité des praticiens dont l'intervention devra être aussi assidue que bienfaisante.

Elles seront une des parties constitutives, et non la moindre, des Écoles régionales, celle où tous les jeunes aveugles des générations présentes et futures débuteront dans leur nouvelle existence.

Leur place est là toute indiquée. Elles vivront de la vie de ces grandes maisons, elles profiteront des ressources de toutes sortes que celles-ci offriront et, sous la même direction générale, elles seront les pépinières où se préparera la culture rationnelle et méthodique des jeunes aveugles. Il n'est pas jusqu'au côté financier de la question (et il ne faut pas le négliger) qui ne milite en faveur de cette solution.

3° COMMENT LES INSTALLER ?

SITUATION. — Je placerais l'école maternelle dans un bâtiment isolé du reste de l'établissement régional, autant pour éviter la propagation des maladies infantiles aux élèves plus âgés que pour protéger la sieste et les jeux de nos jeunes enfants contre le bruyant et turbulent voisinage des condisciples de l'école primaire proprement dite. Je la bâtirais entre cour sablée et pelouse ombragée, et je l'orienterais du nord au sud, avec façade principale à l'est, de manière à ce que le soleil la visite dans toutes ses parties.

CONSTRUCTION. — L'édifice serait étendu en surface, et presque en entier à rez-de-chaussée, avec deux ou trois chambres d'isolement au 1er étage. La construction serait placée sur cave pour éviter l'humidité du sol. Elle serait peu élevée au-dessus de la cour pour dispenser d'établir un perron de communication : on accéderait à la cour ou au jardin par des plans inclinés.

Toutes les salles seraient de plein-pied pour permettre à nos petits aveugles de circuler partout sans danger de chute.

Il ne faudrait lésiner ni sur la qualité des matériaux de construction, ni sur le confortable des installations de chauffage (chauffage central à vapeur ou à eau), d'aération et de propreté, ni sur le choix du mobilier et du matériel scolaire.

L'air et la lumière seraient répandus à flots partout dans l'intérêt des jeunes habitants.

Toutes précautions seraient prises dans la construction pour que l'école maternelle puisse être nettoyée et surtout lavée complètement et facilement : sol carrelé, angles arrondis, murs peints au ripolin, etc. La désinfection devrait pouvoir s'en faire rapidement, de manière à assurer une hygiène parfaite.

Toute saillie, tout obstacle aux mouvements en seraient proscrits ; les appareils de chauffage, d'éclairage, de lavage, etc., seraient garnis d'organes protecteurs dans l'intérêt de la sécurité des enfants : c'est dire, en un mot, combien l'architecte de la construction devrait offrir de garanties d'intelligence et de savoir.

La collaboration d'un éducateur avisé pourrait ne pas lui être inutile.

DISTRIBUTION. — L'école maternelle devra comprendre obligatoirement, à rez-de-chaussée :

1° Une salle de classe avec mobilier « ad hoc » et musée scolaire ;

2° Un vaste préau bien clos, bien aéré en même temps, chauffé et muni de lavabos et de water-closets ;

3° Un dortoir commun et une chambre pour la surveillante ;

4° Une cuisine-tisanerie, avec appareil de chauffage rapide permettant de préparer eau de lavage pour les yeux, tisane, cataplasme, bouillie, etc. ;

5° Un réfectoire commun ;

6° Une salle de bains et des lavabos avec eau chaude et eau froide.

A l'étage, quelques chambres d'isolement seront installées, ainsi qu'une chambre de domestique.

INSTALLATION. — *Mobilier scolaire.* — On se servira de tables à deux places avec banc mobile à dossier, du modèle adopté à l'Institut des aveugles de la Seine : elles paraissent réunir les conditions essentielles à exiger du mobilier scolaire, en ce sens qu'elles facilitent aux enfants une attitude normale et peu fatigante, et qu'elles permettent à chaque élève d'avoir sa case et les accessoires de travail qu'elle contient, à portée de la main. L'avantage du banc mobile est de pouvoir se rapprocher ou s'éloigner du bureau à volonté, et de s'adapter ainsi à la conformation des enfants assis.

La maîtresse aura un bureau du même genre, avec cases et pupitre, pour ranger livres de classe et tous accessoires pour son enseignement.

Enfin, le mobilier de la classe sera complété par des armoires ou placards pour les livres, les planches à calcul, les tablettes à écrire, le papier pour l'écriture Braille et aussi pour le musée scolaire.

Le mobilier enseignant comprendra, en outre, des plans et cartes géographiques en relief, des appareils et solides pour l'enseignement du système métrique, du travail manuel, et les objets de toutes sortes nécessaires aux leçons de choses (musée scolaire).

Un piano est indispensable pour l'enseignement par audition de petits chants et pour les premières études musicales.

On n'oubliera pas d'y joindre un thermomètre pour avertir la maîtresse de ne point laisser la température de la classe trop s'abaisser et surtout s'élever outre mesure.

MOBILIER

DES PRÉAU, COUR, JARDIN, RÉFECTOIRE, DORTOIR, ETC.

Près des lavabos du préau, je placerais des porte-manteaux et des bancs, plus une armoire pour y ranger les divers jeux.

Quelques sièges et bancs garniraient utilement la cour et le jardin pour permettre aux enfants de se reposer.

Rien de particulier à signaler pour le réfectoire, sinon que je ferais fixer au sol tables et bancs pour éviter les chutes et autres accidents.

Le dortoir serait meublé de petits lits de fer, sans rideaux, vernis blanc, lavables et munis d'une galerie continue qui empêche les enfants de tomber pendant le sommeil. Chaque lit serait garni de matelas simples et hygiéniques.

Les fenêtres seraient munies extérieurement de rideaux ou de stores qui protégeraient le dortoir contre les ardeurs du soleil de l'été.

Un éclairage simple, hygiénique et sans danger d'incendie, faciliterait la surveillance du dortoir pendant la nuit.

4° QUI LES DIRIGERA ?

Des femmes. Ces écoles ne mériteraient pas la qualification de maternelles si ce n'était des mères, ou tout au moins des dames, qui en fussent chargées. D'ailleurs, dans les écoles maternelles pour clairvoyants, le personnel enseignant est exclusivement féminin : il n'y a pas de raison pour qu'il en soit autrement dans les établissements similaires pour aveugles. Ce personnel est seul qualifié pour en assurer le fonctionnement normal : les qualités d'adresse, de patience, de dévouement ingénieux, d'abnégation, etc., qu'il exige ne peuvent se trouver que chez des femmes.

En outre, j'y placerais de préférence des maîtresses clairvoyantes, et voici pourquoi. Elles seules peuvent veiller sur plusieurs enfants en même temps, les protéger, constater leur propreté, rectifier leurs attitudes, leur apprendre vite à s'habiller, à se dévêtir, à se tenir à table, dans la cour, dans le jardin ; enfin, j'estime qu'elles sont plus aptes que les institutrices aveugles à assurer la discipline de tout ce petit monde, toujours en mouvement, à mettre de l'entrain dans les exercices physiques et dans les jeux, tout en prévenant les faux-pas ou les chutes et accidents possibles. Pour cette partie de l'éducation des jeunes aveugles, en grande partie physique, la femme clairvoyante me paraît plus compétente : ce sera, de préférence, une institutrice publique, du cadre départemental des maîtresses d'écoles maternelles qui aura accompli un stage dans un établissement d'aveugles pour se familiariser avec les méthodes spéciales d'enseignement .

En dehors des heures de classe et de récréation pendant lesquelles les enfants seront confiés à l'institutrice, une surveillante, personne dévouée et avisée, aura la charge du fonctionnement de l'école maternelle. Elle sera présente à la toilette, aux repas, au lever et au coucher, aux jeux et aux promenades, etc., des enfants ; enfin, elle assurera la garde de l'école pendant la nuit et devra coucher dans le dortoir commun.

Une femme de service assistera la surveillante de jour et de nuit, notamment pour donner les soins de propreté nécessaires.

5° QUE FERA-T-ON A L'ÉCOLE MATERNELLE ?

La première éducation générale des jeunes aveugles : d'abord, et surtout, l'éducation physique, sans négliger l'éducation intellectuelle et l'éducation morale.

Avant toutes choses, il faudra établir un bon emploi du temps : la tâche est lourde, l'œuvre à accomplir est complexe, il ne faut perdre ni une heure ni une minute de la vie écolière.

La maîtresse ne peut abandonner au-hasard et au caprice, les heures dont elle est comptable devant la société et devant sa conscience. En outre, il n'est pas indifférent de placer telle leçon ou tel exercice à tel moment de la journée, au commencement, au milieu ou à la fin d'une classe.

La solution de ces difficultés exige de la réflexion, des combinaisons dont le résultat est l'emploi du temps journalier.

EMPLOI DU TEMPS JOURNALIER

Je propose celui qui est appliqué à l'École maternelle de l'Institut des aveugles de la Seine depuis sa fondation et qui paraît répondre aux exigences de l'éducation de tout jeunes enfants.

Heures		Heures	
7	à	8	Lever des enfants. — Soins de propreté. — Lavage des yeux ;
8	à	9	Déjeuner et Récréation ;

Heures			
9	à	9 1/2	Classe ;
9 1/2	à	10	Récréation ;
10	à	10 1/2	Classe. — Travail manuel ;
10 1/2	à	11	Récréation ;
11	à	11 1/2	Classe ;
11 1/2	à	11 3/4	Lavage des mains et des yeux. — Propreté ;
11 3/4	à	12 1/4	Déjeûner ;
12 1/4		1 1/2	Récréation ou Sieste ;
1 1/2	à	2	Gymnastique ;
2	à	3	Classe et Travail manuel ;
3	à	3 1/2	Récréation ;
3 1/2	à	4	Classe ;
4	à	5	Goûter et Récréation ;
5	à	5 1/2	Gymnastique. — Leçon d'habillage ;
5 1/2	à	6	Chant ;
6	à	6 1/2	Récréation. — Soins de propreté ;
6 1/2	à	7	Dîner ;
7	à	7 1/2	Récréation ;
7 1/2	à	8	Lavage des yeux. — Coucher.

PLAN D'ÉTUDES

ÉDUCATION PHYSIQUE

L'éducation physique de tous les enfants a un double but :

D'une part, fortifier leur corps, affermir leur tempérament, les placer dans les conditions hygiéniques les plus favorables à leur développement physique général.

D'autre part, leur donner de bonne heure les qualités d'adresse et d'agilité, la dextérité de la main, la promptitude et la sûreté des mouvements qui permettent l'exercice des professions auxquelles ils se destinent.

Si l'éducation physique est nécessaire à tous les enfants, elle l'est mille fois plus pour les aveugles, disait le Frère Isidore Clé au Congrès de 1900. Et il ajoutait : « Sans éducation physique, « pas de force corporelle ni de santé ; pas d'aptitude sérieuse « à l'étude, ni surtout au travail manuel ; pas d'avenir. Sans « éducation physique, pas d'indépendance, pas d'individualité « pour l'aveugle ; placé sous la tutelle des clairvoyants, il y con- « tracte parfois la bassesse du caractère, d'autres fois l'ennui

« de la vie, l'ingratitude pour des bienfaits humiliants et par
« là méprisés, quelquefois même la haine des hommes. Car, ne
« d'oublions pas, l'éducation physique, bien ou mal dirigée,
« exerce pour les aveugles, bien plus que pour les clairvoyants,
« une influence heureuse ou néfaste sur le moral et sur l'intelli-
« gence. »

Ainsi donc, il est entendu que l'éducation des aveugles,
qu'elle soit musicale, littéraire ou professionnelle, ne sera cou-
ronnée de succès que si elle est basée sur un système complet
de développement physique.

Il faudra pour cela :

1° Organiser des jeux actifs qui exigent du mouvement et de
l'adresse : jeux en plein air ou dans les préaux suivant la sai-
son, rondes, évolutions, mouvements rythmés accompagnés de
chants ;

2° Installer dans les salles de récréation ou préaux des jeux
de dominos, de loto, de constructions, etc., en veillant que les
jeunes aveugles ne soient ni couchés ni négligemment assis ;

3° Exiger partout : en classe, en récréation, au réfectoire, à
la promenade, une attitude correcte, et combattre la noncha-
lance et le laisser-aller, surtout la démarche traînante et le port
de la tête courbé ;

4° Profiter des leçons de récitation et de chant pour régler
le maintien et les gestes des enfants, en particulier, pour empêcher le balancement du corps, le tremblement des mains et des
bras, les mouvements de tête disgracieux ;

5° Organiser un cours de gymnastique sérieux pour régler et
assouplir les mouvements des enfants, pour corriger les défauts du maintien et de la démarche (dos voûtés), pour donner
de l'aisance dans l'allure et de la sûreté dans la marche. Faire
des courses, du pas gymnastique pour le développement de la
cage thoracique ;

6° Faire des promenades au dehors les jeudis, dimanches,
jours de fêtes et de congé.

Rentrera également dans le programme de l'éducation physique des tout jeunes aveugles ce qui sera fait pour leur apprendre à s'habiller, à se laver, à se brosser, à se peigner, à lacer
leurs souliers, à manger proprement avec la cuiller et la four-
chette. Une éducation ainsi comprise leur donnera de la dextérité dans les mains tout en leur faisant prendre des habitudes
de travail et d'ordre.

PRÉPARATION A L'ÉDUCATION PROFESSIONNELLE

Cette préparation comprend les divers travaux manuels qui, sans être de l'apprentissage de professions déterminées, délient les doigts des enfants et leur font acquérir la dextérité, la souplesse, la rapidité et la justesse des mouvements. Je citerai notamment les petits exercices de tressage, pliage, tissage ; les petits travaux de filet, de tricot, d'enfilade de perles, les combinaisons de fil de fer et de bois, la petite vannerie, etc.

Pour les aveugles, ces exercices ont une importance que vous soupçonnez déjà. En effet, la main est un de leurs plus grands moyens d'action : c'est elle qui supplée en grande partie au sens dont ils sont privés. Pour la plupart d'entre eux, la force et l'habileté des mains seront un gagne-pain : les maîtresses des écoles maternelles doivent donc se pénétrer de la valeur éducative de ces divers travaux manuels ; elles devront y apporter tous leurs soins et y intéresser leurs enfants en les variant. Avec l'éducation physique proprement dite et les leçons de choses, ces exercices pourraient, à la rigueur, composer tout le programme d'enseignement des écoles maternelles d'aveugles.

ÉDUCATION INTELLECTUELLE

L'éducation intellectuelle telle que l'école maternelle pourra la donner est facile à caractériser : elle se bornera à l'enseignement d'un nombre limité de connaissances, mais ces connaissances seront choisies de telle sorte qu'elles assureront aux jeunes aveugles le savoir pratique qui convient à des enfants de leur âge ; de plus, elles devront agir sur leurs facultés en les développant ; enfin, elles prépareront les jeunes élèves à recevoir l'enseignement de l'école primaire proprement dite.

L'objet de l'éducation intellectuelle étant ainsi défini, la méthode à suivre paraît s'imposer d'elle-même.

La maîtresse, pour commencer, se servira exclusivement d'objets sensibles, fera toucher toutes les choses dont elle entretiendra ses élèves, mettra ses enfants en présence des réalités concrètes. Elle fera constamment appel à leurs sens, et plus spécialement à celui du toucher : ce n'est que peu à peu, après plusieurs vérifications successives par les mains qu'elle arrivera à les faire comparer, raisonner, généraliser. Elle devra exercer l'esprit d'observation de ses élèves pour les amener à formuler des jugements qu'elle confirmera ou redressera suivant les cas.

C'est ainsi qu'elle arrivera à leur inculquer les connaissances appropriées à leurs futurs besoins, ensuite et surtout, à leur faire prendre des bonnes habitudes d'esprit et de la réflexion.

PROGRAMME

Lecture. — Premiers exercices de lecture en « Braille » au moyen de la planche de bois et des lettres mobiles à relief exagéré. — Etude des lettres, syllabes et mots simples.

Ecriture. — Emploi de la réglette. — Formation des points dans chaque rectangle. — Ecriture de mots simples et bien gradués. — Lecture des lettres et des mots écrits.

Langue française. — Exercices de langage. — Questions familières ayant pour but d'apprendre aux jeunes enfants à s'exprimer correctement. — Exercices de mémoire. — Récitation de courtes poésies. — Petites dictées de mots simples. — Lectures et histoires brèves par la maîtresse et racontées par les enfants.

Histoire. — Anecdotes, biographies des personnages historiques célèbres. — Récits des faits saillants de notre histoire nationale.

Géographie. — Orientation dans l'école et ses dépendances : cour, jardin, préau. Chaque enfant placé successivement dans les diverses parties de l'établissement doit se rendre dans d'autres qui lui seront fixées.

Indiquer aux élèves un lieu de rassemblement et les inviter à s'y rendre sans secours étranger.

Topographie et géographie de la ville où se trouve l'école : étude à faire tant sur place que sur plan en relief. — Faire parcourir les rues principales, indiquer les monuments, places, rivières, gare, canal, etc., qui forment autant de points de repère pour les enfants.

Calcul. — Etude des dix premiers nombres au moyen d'objets concrets : billes, bâtonnets, haricots, marrons, etc. — Usage du boulier-compteur. — Premiers éléments de la numération orale.

Petits exercices de calcul mental.

Emploi de la planche à calcul et des cubes métalliques avec chiffres arabes en relief.

Les quatre opérations sur des nombres concrets ne dépassant pas la première centaine.

Système métrique. — Le mètre, le litre, le franc.

Manipulations du mètre en bois (règle), du mètre pliant, du mètre en ruban. Exercices de mesurage.

Manipulations du litre en bois, en étain, en fer blanc, etc.

Le franc : mettre en mains les principales pièces de monnaie et en faire reconnaître la valeur par les dimensions et le poids.

Géométrie. — Manipulations des principaux solides. — Constructions.

Leçons de choses (Éléments des sciences physiques et naturelles).

Entretiens familiers sur des objets mis entre les mains de tous les élèves (pierres, métaux, végétaux, animaux).

Causeries sur les matières alimentaires, les vêtements et tissus, les comestibles, sur l'habitation, sur les métiers, sur les saisons et cultures, sur le corps humain et ses principales parties.

Vu leur importance dans l'éducation intellectuelle des aveugles, j'insisterai davantage sur les leçons de choses et la méthode à suivre pour en tirer tout le profit désirable.

Les leçons de choses seront des leçons faites exclusivement sur des objets concrets que les élèves toucheront, palperont, manipuleront. Elles consisteront en entretiens très simples, familiers, sur ces objets, sur leurs formes, leurs usages, leur provenance, leurs propriétés.

Elles devront être conduites de telle sorte que la maîtresse ne parle pas seule : les élèves devront y collaborer. Leur esprit d'observation sera éveillé, l'exercice de leurs sens stimulé de manière à provoquer leurs questions, leurs remarques, leurs réflexions. Ex. : un cri perce l'air, un sifflement se fait entendre, une odeur se répand dans la cour ; qui a poussé le cri, qui est-ce qui a produit le sifflement, d'où vient l'odeur ? Autant de questions à poser et dont il faut obtenir les réponses, autant de sujets de courtes leçons de choses à de jeunes aveugles.

Donc, chaque fois que la classe sera possible, les élèves de l'école maternelle énuméreront seuls les qualités des objets étudiés : forme générale, poids, chaleur, son, rugosité ou poli, consistance, odeur, saveur, etc. ; c'est la meilleure manière d'exciter leur curiosité, de soutenir leur attention, de développer leurs sens et leur jugement.

On peut beaucoup attendre de ces leçons à la condition expresse qu'elles soient bien faites. Elles devront être préparées avec soin par les maîtresses pour être claires, intéressantes et profitables.

Enfin, elles nécessitent un petit matériel, d'ailleurs facile à se procurer, qui se complètera sans cesse si la maîtresse veut bien s'y appliquer. La méthode, excellente en elle-même, vaudra ce que vaut l'institutrice qui la pratiquera : celle-ci devra y apporter toute son intelligence, tout son dévouement et tout son cœur ; le succès est assuré à ces seules conditions.

Chant. — De petits chants, simples, intelligibles, pas trop prolongés, ne montant pas trop haut, ne descendant pas trop bas, exécutés debout ou aux changements d'exercices, sont excellents pour les poumons, pour la gaieté de l'école et constituent une bonne préparation à l'enseignement musical proprement dit.

ÉDUCATION MORALE

L'éducation morale viendra compléter et relever tous les autres enseignements de l'école maternelle.

La maîtresse devra s'efforcer d'éveiller le sens moral chez ses enfants, de l'aiguiser, de le redresser parfois, de l'affermir toujours.

Elle s'adressera surtout à leur conscience et s'attachera principalement à leur faire prendre de bonnes habitudes de conduite. Par des récits élevés, par des poésies bien choisies, elle formera ses élèves à la vie morale.

La morale ne s'enseignera pas à l'école maternelle, mais on la pratiquera et on la fera aimer. Elle sera mêlée à tous les exercices de la classe, de la récréation, de la vie scolaire, en un mot.

En outre, la maîtresse devra apporter tous ses soins à l'éducation individuelle de ses élèves, et elle redressera les défauts ou vices naissants qu'elle aura pu remarquer en faisant l'étude du caractère de chacun d'eux.

CONSEILS GÉNÉRAUX

RELATIFS A LA DIRECTION DES ÉCOLES MATERNELLES

POUR AVEUGLES

L'école maternelle pour les enfants clairvoyants est pleine de tolérance pour leurs mouvements et leurs jeux bruyants. En sera-t-il de même à l'école maternelle pour les jeunes aveugles ? A mon sens, la maîtresse devrait non seulement permettre ces gais ébats, mais je voudrais qu'elle les provoquât. Et pourquoi ? C'est que j'ai peu d'espoir dans le développement du petit aveugle trop sage, qui ne remue pas, qui ne rit pas,.qui ne crie pas ! Je suis tenté de dire, avec Mme Pape-Carpentier : « S'il « s'en trouve un, qu'on le stimule, c'est un corps mort. »

Le petit aveugle a déjà tant de tendances à rester inactif, que ce serait un non-sens absolu de lui imposer l'immobilité et la tranquillité. Il faudra éviter, au contraire, de le laisser trop longtemps assis ou au même travail : couper les exercices et les classes de marches, de chants, d'évolutions à l'air libre, voilà comment il faudra faire fonctionner l'école maternelle.

La tâche qui incombera à la maîtresse sera, par suite, très rude. Ajoutez à ce qui vient d'être dit que l'enseignement de la lecture, de l'écriture et du travail manuel sera un enseignement individuel, et il sera facile de se rendre compte du dévouement à demander à cette maîtresse pour mener son œuvre à bonne fin.

Le nombre des élèves à lui confier ne pourra excéder quinze : ce nombre est déjà élevé, si l'on veut obtenir des résultats sérieux, car il faut compter avec les arriérés, les nonchalants, les maladroits ! Mais j'ai foi dans les résultats qu'on peut obtenir avec un peu d'intelligence, un peu d'ingéniosité et beaucoup de zèle et de cœur. Le personnel de l'enseignement public a donné assez de preuves de sa valeur intellectuelle et morale pour permettre d'espérer que là encore, il ne sera p s inférieur à sa tâche.

CONCLUSION

Que le législateur nous crée bientôt des écoles régionales ; nous y adapterons des classes maternelles qui ne laisseront rien à désirer sur leurs aînées pour enfants clairvoyants, et nous aurons ainsi comblé une lacune regrettable dans l'éducation des jeunes aveugles.

Je proposerai au Congrès, comme sanction de ce qui vient d'être exposé, d'émettre un vœu tendant à l'adjonction d'écoles maternelles aux écoles régionales prévues par la proposition de loi Labrousse, de manière à assurer l'éducation des enfants aveugles de 3 à 7 ans.

LES ÉCOLES RÉGIONALES

POUR

L'INSTRUCTION PRIMAIRE & L'ÉDUCATION

DES JEUNES AVEUGLES

RAPPORT

Présenté par Mlle EXTRAIT

Sous-Directrice de l'école des aveugles du Rhône (Lyon-Villeurbanne).

Nous sommes loin du temps où V. Haüy prenait le jeune Lesueur sous le porche d'une église pour essayer de l'instruire.

Tout le monde sait, ou plutôt devrait savoir maintenant, que l'aveugle normal, s'il s'instruit un peu plus lentement que le clairvoyant, surtout au début, possède des qualités inhérentes à la cécité, qui la compensent jusqu'à un certain point, et lui permettent d'acquérir une instruction solide, de devenir parfois un artiste musicien ou un ouvrier fort habile dans plusieurs métiers.

L'Institution Nationale, l'Ecole Braille et 25 établissements de province, dûs à l'initiative privée, s'occupent en France de l'instruction et de l'éducation des aveugles. Un siècle et demi a donné ce résultat.

Ces établissements sont-ils ce qu'ils devraient être ? Suffisent-ils ? Faut-il modifier ceux qui existent ou en créer de nouveaux ? Ou les aveugles peuvent-ils, tout simplement, être élevés avec les clairvoyants ?

Cette dernière question a été soulevée déjà. Au congrès international de 1878, M. Nadault de Buffon demande l'admission des aveugles dans les écoles communales, jusqu'à l'âge de douze ans ; ils entrent ensuite dans une école spéciale. Au même congrès, M. Moldenhaver, de Copenhague, conclut que « la fréquentation des écoles ordinaires par les aveugles, ne peut être qu'un moyen transitoire incapable de suppléer à l'Institut. » M. Guadet, chef de l'enseignement à l'Institution nationale est également de cet avis.

Au congrès de 1889, la plupart des congressistes sont adversaires du système d'éducation mixte.

Au congrès de 1900, M. Gustave Delarue, aveugle, croit qu'en attendant son arrivée à l'école spéciale, « l'aveugle peut prendre à l'école primaire l'habitude de la discipline et du travail. » — Le frère Isidore Clé, professeur à l'Institut royal de Belgique, déclare que « l'école primaire des clairvoyants est plutôt nuisible qu'utile aux aveugles. » — M. Charles Legrand désire que « tous les enfants aveugles puissent être admis à l'école spéciale, c'est-à-dire dès l'âge de 6 ans. » — Le frère Médéric, d'Orléans, croit que « l'école primaire des clairvoyants peut être utile à l'enfant aveugle pour le préparer à l'école spéciale. » — L'abbé Rousseau, de Toulouse, appuie sur « la nécessité d'envoyer les enfants à l'école spéciale aussitôt que possible. » — Sœur Reverdy, supérieure de l'Institution de Montpellier, s'exprime ainsi : « à moins de soins particuliers et d'attentions spéciales, l'aveugle ne tirera que des notions vagues et incertaines d'une éducation qui n'est pas en rapport avec son infirmité. » — M Branco-Rodriguès, de Lisbonne, après avoir analysé les matières qui constituent l'enseignement primaire, démontre que pas une ne peut être enseignée par les mêmes moyens et simultanément aux aveugles et aux clairvoyants et demande qu'on accorde aux aveugles ce à quoi ils ont droit : un enseignement approprié, aussi parfait que possible, mais dans des écoles spéciales.

Actuellement encore, à Lille, à Aberdeen, à Glasgow, ont lieu des essais d'éducation mixte. Mais, si nous examinons de près ces trois tentatives, nous voyons qu'à Lille *un professeur spécial* est chargé de donner *l'enseignement approprié* aux 10 aveugles disséminés dans les écoles publiques. A Aberdeen, où 4 écoles municipales reçoivent les aveugles, on va *les réunir dans une seule école* pour centraliser l'effort. Les aveugles de Glasgow reçus dans 5 écoles de clairvoyants, vont, à un moment donné, apprendre dans *un atelier* le métier qu'ils ont choisi : (*Tribune des aveugles* de janvier 1910). J'emploie exprès les termes même de l'article, dont le but était de prouver que l'aveugle peut s'instruire à l'école publique. Alors, pourquoi *un professeur spécial, un enseignement approprié, un groupement*

*des aveugles dans une seule école, un atelier d'apprentissage
faisant suite à l'école ?*

La vérité est que *l'école du clairvoyant est toujours insuffisante ou incomplète pour l'aveugle*, car, celui-ci ne doit pas simplement acquérir les notions d'instruction primaire ; il a besoin
d'apprendre, en même temps, les moyens de gagner sa vie et
l'école du clairvoyant ne fournit pas ces moyens.

La musique, l'une des plus sûres ressources pour l'aveugle
doué, est une étude qui doit être commencée dès le plus jeune
âge ; il faut que *l'apprentissage d'un métier* soit précédé de
travaux manuels préparatoires spéciaux et propres à développer l'adresse, car, n'oublions pas que l'aveugle maladroit est
guetté par l'hospice. Or, ces deux parties essentielles dans l'éducation de l'aveugle : musique et travaux manuels, n'ont qu'une
place très secondaire dans les programmes des clairvoyants.

On met aussi en avant le profit moral qu'aveugles et clairvoyants doivent retirer de leur coéducation. Ce profit, indé-
niable surtout pour le clairvoyant, ne coûte-t-il pas bien cher
à l'aveugle ? — Il est, dit-on, choyé par le clairvoyant ; peut-
être en est-il ainsi, en effet, pendant un certain temps et dans
une certaine mesure. Mais, quoi qu'on puisse dire, l'aveugle est
forcément mis de côté pour certains jeux ; il souffre de ne
pouvoir faire comme les autres, son caractère s'assombrit et
même sa santé peut s'altérer par suite du manque d'exercice.
Avec ses pareils, au contraire, les jeux sont possibles ; il est
aussi adroit, aussi agile que ceux qui l'entourent, il est gai et,
par suite, il se porte mieux.

Pourquoi encore, nous donner à entendre que si nous élevons
l'aveugle dans une école spéciale nous en ferons un être à part,
ignorant les clairvoyants et ignoré d'eux ? cesse-t-il donc, parce
qu'il est à l'école spéciale, d'appartenir à une famille de clairvoyants et, n'a-t-il parmi eux, la plupart de ses amis et quelques-uns de ses maîtres ?

Enfin, si l'enseignement donné aux voyants convient aux
aveugles, pourquoi les résultats obtenus sont-ils si peu pro-
bants ? — Les écoles spéciales reçoivent des aveugles et même
des mi-voyants de 12 et 14 ans qui ont fréquenté jusque-là l'é-
cole primaire publique. Qu'ont-ils appris ? Les plus intelligents
possèdent de vagues notions d'histoire, de géographie, de calcul mental ; ils ne savent ni lire, ni écrire. Et cela s'explique :
l'aveugle ne peut faire les devoirs, ni étudier les leçons dans les
mêmes conditions que ses camarades. Tout l'enseignement
visuel, auquel le maître du clairvoyant a si souvent recours, lui

échappe et n'est remplacé, pour lui, par aucune indication équivalente. Il est, dans la classe, une continuelle exception ; son travail différent, ne peut être comparé à celui des petits clairvoyants et, par suite, l'émulation, ce puissant ressort d'éducation, lui manque. Placé dans des conditions aussi défectueuses, l'écolier aveugle s'engourdit peu à peu dans une funeste inaction et les choses vont ainsi, jusqu'au jour où on s'aperçoit que, malgré son intelligence, il est très inférieur aux clairvoyants de son âge.

Vous me permettrez, en qualité d'ex-institutrice publique, d'exprimer la crainte de voir l'aveugle sacrifié à l'école primaire.

Rappeler la proposition faite au congrès de 1900 d'accorder des récompenses aux instituteurs qui s'occuperont des aveugles serait s'exposer à un autre péril ; si le maître donne des soins particuliers à un ou plusieurs élèves spéciaux, les autres enfants ne seront-ils pas négligés ? la majorité sacrifiée à l'exception ?

L'instituteur public à qui l'on donnera des aveugles s'en occupera *trop* ou *pas assez* et il sera toujours dans la pénible alternative de manquer à ses devoirs vis-à-vis de ses élèves clairvoyants ou de ses élèves aveugles.

Sans parler du danger que pouvait lui faire encourir l'article 1384 sur la responsabilité, l'instituteur de Bordeaux qui a refusé d'admettre dans sa classe l'aveugle Blanchard, sentait vivement, sans doute, la complexité de la tâche qu'il allait assumer. Ce n'est pas au moment où l'on cherche à sérier les enfants par catégories pour faciliter leur éducation qu'il faut hésiter à reconnaître que la cécité est une cause indiscutable d'infériorité qui doit être atténuée, le plus possible, par une éducation spéciale donnée à l'aveugle dès sa première enfance.

Je serais donc disposée à dire comme le frère Clé : « l'école du clairvoyant est plutôt nuisible qu'utile à l'aveugle » et j'ajouterais : parce que, s'il y reste assez longtemps, il y perd le désir de savoir et d'apprendre. Son admission dans cette école ne lui donne qu'une situation provisoire ou préparatoire. L'école publique n'est, pour l'aveugle, que le vestibule de l'école spéciale, c'est-à-dire un peu plus que rien.

Il faut à l'aveugle des écoles spéciales où les maîtres, les méthodes d'enseignement, les programmes, l'outillage seront adaptés à la cécité. Elevé ainsi, seulement, il pourra être mis en parallèle avec le clairvoyant et vivre de la vie de tout le monde.

L'OBLIGATION SCOLAIRE POUR L'AVEUGLE

Pour arriver à ce résultat, il faut prendre le mal dans sa racine et étendre à l'aveugle l'obligation scolaire. La famille et l'État ont, pour cela, des devoirs respectifs à remplir envers l'enfant aveugle.

L'État doit aux aveugles l'enseignement scolaire, tout aussi bien qu'aux clairvoyants, auxquels il donne *gratuitement : des écoles*, des *professeurs*, et des *livres*. Les parents d'aveugles ont mêmes devoirs et mêmes droits que tous les citoyens ; malgré la charge supplémentaire qui leur est imposée par l'infirmité de leur enfant, manquent-ils à leurs devoirs ? ne sont-ils pas contribuables ? des devoirs égaux, remplis dans des conditions plus méritoires ne devraient-ils pas leur donner le même droit qu'aux autres citoyens : *la gratuité de l'école pour leur enfant infirme ?*

D'autre part, la Patrie, comme une bonne mère, doit donner les soins les plus dévoués à ceux de ses enfants qui souffrent ; elle comprend si bien cette particularité de l'amour maternel, qu'elle s'intéresse beaucoup, depuis quelque temps, à l'éducation des anormaux ; des établissements médico-pédagogiques, des classes de perfectionnement donnent aux arriérés une éducation spéciale. L'effort est beau ; mais, au point de vue social, le résultat obtenu y répondra-, il ? — Point n'est besoin de poser cette question lorsqu'il s'agit de l'aveugle normal ; l'expérience est faite depuis longtemps : élevons l'aveugle comme il doit être élevé, et, à part le service militaire, il remplira fort bien tous ses devoirs de citoyen.

L'article 4 de la loi du 28 mars 1882 déclare l'instruction primaire obligatoire pour les enfants des deux sexes âgés de 6 ans révolus à 13 ans révolus ; elle peut être donnée soit dans les établissements d'instruction primaire ou secondaire, soit dans les écoles publiques ou libres, soit dans les familles par le père de famille lui-même ou par toute personne qu'il aura choisie.

Un paragraphe du même article prévoit qu'un règlement déterminera les moyens d'assurer l'instruction primaire aux enfants sourds-muets et aveugles. Le moment est venu de faire prendre corps à ce projet de règlement qui date de 28 ans.

C'est ici que la famille et l'État ont besoin d'agir de concert.

L'État voulant que l'instruction soit obligatoire pour l'aveugle, entretient pour lui des écoles spéciales, il lui reste à en assurer la fréquentation.

Voyons d'abord comment se comportent les familles des petits aveugles ; certaines les cachent comme une honte et ne prennent aucun soin de leur éducation ; d'autres, les gâtent à l'excès dans l'espoir, bien légitime, de réparer l'injustice du sort ; quelques-unes, il faut bien l'avouer, sont heureuses d'exploiter l'infirmité de l ur enfant ; beaucoup, enfin, ignorent l'existence d'écoles spéciales pour aveugles, ou hésitent à se séparer de leur enfant et ne s'y décident que fort tard.

L'État devrait connaître tous les enfants aveugles. Pour cela je proposerais la mesure suivante :

Que les sages-femmes et médecins soient mis dans l'obligation de déclarer les maladies ou accidents ayant amené la cécité, sans tenir aucun compte des déclarations faites ou soi-disant faites déjà par les praticiens ayant donné des soins antérieurs.

La supercherie des parents disposés, pour une raison quelconque, à ne pas révéler la cécité de leur enfant, serait ainsi évitée. Il est vrai que la déclaration d'un même cas, pourrait, de cette façon être faite plusieurs fois ; mais, cette redite, sans inconvénient sérieux, serait préférable au silence.

Au reçu de chaque déclaration, la mairie enverrait immédiatement au père de famille une des notices de M. de la Sizeranne intitulée : « *Instructions pour la première éducation des enfants aveugles* », qui contient toutes les indications propres à éclairer les parents ignorants ou apathiques. Cette notice leur ferait comprendre la nécessité de s'occuper de l'éducation physique de leurs enfants, du développement de leur toucher et de leur ouïe, afin qu'ils puissent profiter de l'enseignement dès leur entrée à l'école. Le 18ᵉ et dernier article, légèrement modifié, indiquerait l'école régionale de la circonscription, les avantages pour l'enfant aveugle de l'éducation donnée dans une école spéciale, l'âge et les conditions d'entrée, la demande à faire et la marche à suivre pour l'obtention d'une bourse d'internat.

De plus, les articles 7 et 8 de la loi de 1882, si peu observés pour les clairvoyants, ne pourraient-ils être mis en vigueur au moins pour les aveugles ? Leur application nous permettrait d'espérer qu'aucun enfant aveugle n'échapperait à l'obligation scolaire.

D'après l'article 7 : *Le père, le tuteur, la personne qui a la garde de l'enfant doit, 15 jours au moins avant l'époque de la rentrée des classes faire savoir au maire de la commune s'il entend faire donner à l'enfant l'instruction dans la famille ou*

*dans une école publique ou privée ; dans ces deux derniers cas
il indique l'école choisie.*

D'après l'article 8 : *Chaque année le maire dresse la liste des
enfants d'âge scolaire et avise les personnes qui ont charge de
ces enfants de l'époque de la rentrée des classes. — En cas de
non déclaration, 15 jours avant l'époque de la rentrée, de la part
des parents et autres personnes responsables, il inscrit d'office
l'enfant à l'une des écoles publiques et en avertit la personne
responsable.*

Pour l'enfant aveugle, l'inscription d'office se ferait à l'école
régionale spéciale. Que la demande d'admission à l'école soit
faite volontairement par le père, ou qu'elle émane directement
de la mairie par suite d'une inscription d'office, la marche serait
la même : le maire, par l'intermédiaire du préfet, transmettrait
au ministère de l'Intérieur une demande de bourse d'internat
qui serait toujours accordée dans le plus bref délai. Naturellement, les départements et les communes, selon leurs ressources
respectives, et dans une proportion à déterminer, participe-
raient à cette charge de l'Etat.

Le ministère de l'Intérieur devrait fournir les bourses d'internat qui seraient considérées comme un droit et non comme
une aumône. C'est le droit de l'infirme, le droit des parents
pour qui l'enfant aveugle est un surcroît de charges ; c'est
encore le témoignage mérité d'une sollicitude plus grande de la
part de l'Etat. La dignité de l'enfant et celle des parents sont
ainsi sauvegardées.

Cette bourse d'entretien, conséquence immédiate et indispensable de l'obligation scolaire pour l'aveugle, n'empêcherait pas
celui-ci de concourir plus tard, s'il y a lieu, pour l'obtention
d'une bourse ordinaire d'enseignement secondaire ou supérieur.
Il n'y a là aucune contradiction : la première bourse spéciale
était le droit particulier de l'aveugle ; la seconde est une faveur
que le ministère de l'Instruction publique accorde à tous les
jeunes gens intelligents et studieux qui veulent faire des études
supérieures ; aveugles et clairvoyants peuvent également y pré-
tendre. Enfin, dernière raison qui milite en faveur de l'octroi
des bourses par le ministère de l'Intérieur : Il s'agit d'obtenir,
au plus tôt, une amélioration dans le sort des aveugles ; or, rien
n'est moins rapide hélas ! que l'élaboration, l'adoption et l'application d'une loi nouvelle. Il est donc plus prudent de se servir
de celles qui existent et nous en avons une toute prête : la loi du
14 juillet 1905 sur l'assistance aux infirmes et aux incurables.

Il suffirait d'y ajouter les deux articles proposés au Sénat par MM. Émile Rey et Béral, et ainsi conçus :

Art. 1er. — La loi du 14 juillet 1905 s'applique aux mineurs âgés de moins de seize ans, atteints d'une infirmité ou d'une maladie incurable, indigents ou dont les parents sont indigents.

Art. 2. — Un règlement d'administration publique déterminera les conditions d'application de la loi aux mineurs désignés par l'article 1er, notamment en ce qui concerne leur instruction spéciale ou professionnelle.

Voici l'obligation scolaire assurée pour les aveugles qui fréquentent les écoles spéciales. Mais, le père de l'aveugle, libre comme tout autre citoyen, peut faire instruire son enfant chez lui ou dans une école privée. Ces deux cas, prévus par la loi de 1882, ne laissent pas l'État impuissant à s'assurer de la valeur de l'enseignement donné à l'aveugle car : *les écoles privées sont soumises à la surveillance et à l'inspection des autorités scolaires* (art. 42, L. O. 1882).

Quant aux enfants instruits dans leurs familles, *ils doivent chaque année, à partir de la fin de la deuxième année d'instruction obligatoire, subir un examen qui portera sur les matières de l'enseignement correspondant à leur âge, dans les écoles publiques, dans des formes et suivant des programmes déterminés (article 263 de l'arrêté organique du 18 janvier 1887). Si l'examen de l'enfant est jugé insuffisant, et qu'aucune excuse ne soit admise par le jury, les parents sont mis en demeure d'envoyer leur enfant dans une école publique ou privée dans la huitaine de la notification et de faire savoir au maire quelle école ils ont choisie. (Article 16, loi du 28 mars 1882.)*

Lorsqu'il s'agira d'un seul enfant aveugle habitant une campagne très éloignée d'une ville importante, la formation et le déplacement du jury d'examen deviendront difficiles et onéreux. L'article 16, comme tant d'autres, risquera de tomber en désuétude. Aussi, je propose que *le père qui déclarera faire donner chez lui, l'instruction à son enfant aveugle, soit informé des exigences de la loi et prévenu qu'il devra, à des époques déterminées d'avance, conduire son enfant à l'école régionale, pour qu'il y subisse un examen vérifiant si l'enseignement donné est suffisant.*

Ce contrôle, quoique devant s'exercer sur des enfants de familles riches et dont l'avenir, au point de vue matériel, paraît assuré, a cependant une grande importance : des aveugles à la fois fortunés et intelligents, peuvent être laissés dans l'ignorance et l'inaction par suite d'une sollicitude extrême et mal comprise. Instruits dès leur enfance et se trouvant dans des conditions particulièrement favorables, ils auraient pris rang parmi ces hommes d'élite dont nous pouvons apprécier ici la haute valeur.

LES ÉCOLES RÉGIONALES

Tout ce qui peut assurer pour les aveugles l'obligation scolaire ou l'obligation de l'instruction me semble prévu. Voyons maintenant ce que devraient être leurs écoles spéciales.

Les écoles privées actuelles sont forcément des agglomérations d'aveugles. Elles subsistent et s'organisent comme elles le peuvent, suivant leurs modiques ressources ; les critiquer serait chose aisée, car elles sont loin d'être parfaites ; mais elles le savent et ne demandent qu'à le devenir. Elles ont néanmoins rendu quelques services ; c'est là leur défense et leur mérite.

Nous n'avons en France que deux établissements publics : l'Institution Nationale et l'École Braille : la première, essentiellement école de musique, la seconde destinée à l'apprentissage avant tout, et dont l'organisation permet à l'apprenti, devenu ouvrier, de continuer à y vivre sous son patronage.

Le but de l'école spéciale peut-être défini ainsi : donner à l'aveugle une *instruction primaire pratique* et surtout *découvrir et développer les aptitudes de chaque enfant* pour qu'il arrive, plus tard, à s'émanciper par le travail. Elle peut donc s'inspirer de l'organisation des deux établissements publics.

L'école spéciale régionale comprendrait, outre l'école maternelle, objet d'un rapport spécial,

1° UNE ÉCOLE PRIMAIRE, pour les enfants normaux de 7 à 13 ans et pour les mineurs devenus aveugles ayant dépassé l'âge de scolarité. Ceux-ci n'y apprendraient que la lecture et l'écriture en Braille.

(Le cas échéant, un cours primaire supérieur permettrait aux élèves destinés à l'enseignement de poursuivre leurs études jusqu'à l'obtention du brevet élémentaire).

2° UNE SECTION D'ARRIÉRÉS, pour les enfants du même âge dont le développement physique ou intellectuel a été retardé et qui, mêlés aux autres aveugles, entravent l'instruction de ces derniers. N'y seraient admis que les anormaux pédagogiques, c'est-à-dire les enfants qui semblent susceptibles d'acquérir, avec le temps et des procédés particuliers, un certain développement intellectuel. Après essai, les enfants reconnus arriérés profonds ou gâteux seraient envoyés dans un asile spécial (l'Association V. Haüy a fondé, à Chilly-Mazarin, un établissement de ce genre).

3° UN ATELIER D'APPRENTISSAGE, annexe indispensable de l'école primaire d'aveugles pour les jeunes gens et jeunes filles de 13 à 18 ans.

L'ÉCOLE PRIMAIRE RÉGIONALE SERAIT MIXTE, c'est-à-dire que l'enseignement y serait donné simultanément aux filles et aux garçons ; l'effectif de l'école ne pouvant être très nombreux, les élèves seraient ainsi plus facilement groupés de manière à former des classes homogènes dans lesquelles l'enseignement serait plus aisé, plus rapide, et par cela même plus profitable.

Les inconvénients que pourraient présenter les classes mixtes disparaissent lorsque la surveillance est vraiment sérieuse. Chaque classe aurait de 10 à 15 élèves. La quantité et le sexe des enfants serviraient à déterminer le nombre et la proportion des maîtres et des maîtresses.

Un professeur ne serait pas mis à la tête d'une classe dans laquelle il donnerait, seul, tout l'enseignement ainsi que cela se fait à l'école primaire du clairvoyant ; mais, chaque maître ou maîtresse, chargé spécialement d'une ou plusieurs branches de l'enseignement, professerait les mêmes matières dans toutes les classes.

LA SECTION D'ARRIÉRÉS SERAIT ÉGALEMENT MIXTE et confiée à une maîtresse clairvoyante spécialisée.

L'ATELIER, divisé en deux parties aurait des contremaîtres pour les garçons et des contremaîtresses pour les jeunes filles.

LES FOURNITURES SCOLAIRES ET TOUS LES LIVRES CLASSIQUES SERAIENT GRATUITS.

PROGRAMMES

Les programmes de ces 3 sections de l'école d'aveugles, élaborés par des personnes compétentes comprendraient, outre l'instruction primaire, la musique, l'enseignement professionnel y compris l'accord, et l'économie domestique pour les jeunes filles.

L'enseignement intellectuel aurait pour base les programmes de l'enseignement primaire adaptés à la cécité et aux facultés des élèves. Son but serait de faire acquérir à tous un minimum de connaissances utiles et pratiques.

En dehors des exercices scolaires et selon leurs aptitudes, les enfants seraient particulièrement dirigés, soit vers la musique, soit vers les travaux manuels. Ces programmes ne pourraient donc avoir la rigidité des programmes primaires ordinaires.

Il s'agit, pour chaque enfant, de tenir compte de ses aptitudes particulières et du profit qu'il en tirera, si on les développe et les complète ; ses qualités intellectuelles, morales, physiques même, la situation de sa famille, les ressources industrielles et commerciales du pays où il vivra, entrent en ligne de compte pour le choix de sa profession et font presque de chaque enfant un cas particulier.

Une grande latitude sera donc laissée au directeur ou à la directrice qui, aidés de l'avis des professeurs, seront seuls compétents pour décider dans quelle voie doit être dirigé chaque élève.

Les exercices physiques : la gymnastique, les cours de maintien, de marche, d'orientation, les promenades ; les exercices qui développent le toucher et l'adresse : le moulage, le modelage, les leçons de choses, tiendront dans les programmes une place importante ; les récréations seront fréquentes et surveillées par un voyant qui excitera les élèves au jeu et les dirigera pour éviter les accidents.

Les enseignements, musical et professionnel, seront prépondérants ; l'enseignement intellectuel sera considéré comme un auxiliaire. M. de la Sizeranne dit très justement dans ses « Trente ans d'études » : « Trop développer l'enseignement intellectuel, c'est prendre le moyen pour le but, chercher le succès de l'aveugle dans l'école, plus que le succès de l'aveugle dans la vie ».

Puisque la musique est, jusqu'à présent, l'une des plus rémunératrices ressources de l'aveugle doué, qu'il me soit permis d'insister un peu sur l'enseignement musical. Il devrait toujours être donné par des professeurs vraiment habiles et avec un matériel convenable. Tous les élèves, essayés à la musique dès leur arrivée à l'école, n'abandonneraient cette étude qu'après avoir été reconnus tout à fait inaptes. Pour quelques-uns, qui joignent le sens artistique aux qualités professionnelles, la musique pourra devenir un talent à l'acquisition duquel ils consacreront le meilleur de leurs forces et de leur temps. Pour ceux que l'étincelle de l'art n'a pas touchés, mais cependant doués, intelligents et capables de devenir des exécutants corrects, elle sera encore une précieuse ressource.

Pour beaucoup, enfin, musiciens médiocres, elle sera la distraction saine, le repos de travaux fatigants, la consolation et l'oubli momentané de bien des peines. Les aptitudes musicales différentes amènent naturellement une judicieuse sélection qui divisera les élèves musiciens en 3 catégories ayant des programmes différents.

Les élèves remarquables, futurs artistes, seraient, à partir de 13 ans et par voie de concours, admis à l'Institution Nationale devenue école supérieure de musique et école normale d'enseignement. Autant il serait nécessaire que la plus grande élasticité fût laissée aux programmes d'enseignement intellectuel, autant il serait utile que le programme musical des élèves supérieurement doués fût nettement déterminé. Ils auraient ainsi à leur entrée à l'école supérieure un ensemble bien précis de connaissances musicales et on éviterait les surprises désagréables, les fâcheuses lacunes, résultats inévitables d'un enseignement fantaisiste et donné sans méthode. Les bons musiciens ordinaires et les simples amateurs continueraient leurs études musicales à l'école régionale concurremment aux travaux professionnels. La brosserie et l'accord conviennent particulièrement aux premiers.

Quant aux élèves appelés à devenir ouvriers, la musique ne serait considérée pour eux que comme un superflu agréable. On pourrait même la leur présenter comme une récompense, en faire un moyen d'émulation en supprimant cette étude aux élèves apprentis qui ne donneraient pas entière satisfaction pour les travaux professionnels. Le piano, instrument coûteux et embarrassant, leur serait interdit ; ils se borneraient à l'étude du chant et d'un instrument portatif de jeu facile, tel que la mandoline, la flûte, le piston.

Je ferai remarquer incidemment que les bons accordeurs peuvent très bien se former à l'école régionale ; il suffit, pour cela, qu'ils soient dégrossis à l'école par un professeur (aveugle de préférence) et qu'ils puissent aller se perfectionner chez un grand facteur où ils trouvent des modèles nombreux d'instruments, renouvelés très souvent,ce qui ne peut exister dans l'école la mieux organisée.

Les masseurs, élèves de l'école, pourraient également faire leur apprentissage à l'hôpital de la ville.

Je parlerai très peu de la section d'arriérés. Les anormaux clairvoyants sont, en ce moment, à l'ordre du jour. Par application de la loi du 15 avril 1909, des écoles s'organisent pour eux dans toute la France. Dans le Rhône, notamment, elles fonctionnent déjà grâce à l'actif dévouement de M. le sénateur Beauvisage. Le travail manuel et la leçon de choses y sont la base de l'enseignement. Nous trouverons dans ces écoles, le cas échéant, de précieux renseignements, des indications de procédés, qui pourront être adaptés à la cécité.

Je me bornerai donc à dire que la section d'arriérés sera essentiellement une classe de plein air, que les exercices physiques et les jeux bien dirigés y auront la plus large place. Elle doit être pour de pauvres petits, doublement déshérités, la préparation à la classe ordinaire, l'initiation à la vie normale, tâche très délicate pour l'accomplissement de laquelle l'institutrice devra, plus encore que dans les autres classes, joindre à la science pédagogique, de grandes qualités d'esprit et de cœur.

Je n'ai pas à m'étendre non plus sur l'organisation de l'atelier d'apprentissage annexe de l'école régionale. Les professions enseignées, choisies parmi les plus rémunératrices et dont quelques-unes varieront suivant les régions, seront les mêmes qu'à l'atelier régional pour adultes.

Si l'atelier régional se trouve à proximité de l'école il pourra fournir un travail régulier à l'atelier d'apprentissage.

Il va sans dire que les contremaîtres et contremaîtresses, (aveugles et clairvoyants), sauront à fond leur métier ; ils connaîtront l'achat des matières premières, leur provenance, leurs qualités, les prix de revient des objets fabriqués et tout cela sera enseigné aux apprentis qui pourront ainsi se tirer plus facilement d'affaire lorsqu'ils travailleront à leur compte.

Un point important que devraient prévoir les programmes est celui de la continuation des études pour les musiciens, accordeurs et ouvriers ayant quitté les classes. — Ces jeunes gens et jeunes filles oublieront facilement le peu de connaissances acquises à la hâte, si elles ne sont pas entretenues et approfondies. Il faudrait, faisant suite à l'école, des cours spéciaux analogues aux COURS D'ADULTES des clairvoyants. Ce serait le complément de l'enseignement professionnel et la préparation immédiate à l'entrée dans la vie. Ces cours, auxquels une heure ou deux seraient chaque jour réservées, comprendraient tout d'abord des notions de droit usuel. Je reprends ici un vœu formulé par M. Martin, ancien directeur de l'Institution Nationale, vœu adopté par le congrès de 1889 et renouvelé sur la proposition de M. Vacher au congrès de 1900. — Ces notions données maintenant dans toutes les écoles de clairvoyants ont une importance capitale pour l'aveugle ; il en a besoin pour la défense de ses intérêts matériels et moraux, car, élevé dans un internat, il ignore la plupart des difficultés ordinaires de la vie courante et il est exposé à tomber plus facilement dans les pièges tendus à son inexpérience. Les programmes des cours d'adultes comprendraient encore pour tous les apprentis : le style épistolaire et commercial, la comptabilité simple avec application spéciale aux métiers enseignés à l'école, la familiarisation avec les termes de commerce et de banque.

Quant aux musiciens et aux accordeurs appelés par leur profession à fréquenter des personnes d'une éducation et d'un niveau intellectuel plus élevés, il serait utile de leur faire connaître les grandes lignes de l'histoire de la musique et des grands musiciens.

Pour tous, des lectures bien choisies, des causeries bien dirigées qui les tiendraient au courant des nouvelles de tous genres et les habitueraient à soutenir avec aisance une conversation, leur permettraient d'acquérir ce vernis de bon ton, cette apparence de culture, qui les rendraient, en compagnie, agréables et intéressants.

Les lectures, les causeries, les petites conférences seraient faites par les professeurs, par les répétiteurs-surveillants dont je parlerai tout à l'heure et même par les amis des aveugles, qui, j'en suis certaine, ne manqueraient pas. Les jeunes filles habituées le plus tôt possible à rendre de menus services dans la maison : balayage d'escaliers, époussetage, mise de couvert, etc., continueraient, après leur sortie des classes, à se perfectionner dans la tenue du ménage ; elles apprendraient à balayer une chambre, à allumer et à entretenir le feu, à acheter les provisions, à confectionner des mets simples., etc.

SYSTÈME DISCIPLINAIRE

Quant au système disciplinaire, il serait peu compliqué. Les maîtres recourraient le plus souvent possible à la raison et à l'émulation ; ils sauraient prévenir pour ne pas avoir à réprimer. Comme récompenses : l'éloge mesuré et justifié, l'inscription au tableau d'honneur, les distributions de prix. Peu ou point de punitions. Selon les caractères des enfants, la nature et l'importance des fautes commises, la remontrance, le blâme particulier ou public me paraissent suffisants. Pour ne pas entraver l'esprit d'initiative qui n'est jamais trop développé, surtout chez l'aveugle, il est bon que les élèves jouissent dans l'école de cette liberté relative qui permet tout ce qui est raisonnable et ne nuit pas à l'ordre général. Fermeté douce, esprit de justice et dévouement chez les maîtres ; confiance et estime chez les enfants ; affection réciproque, font de l'école une grand famille, grâce à laquelle on regrette moins la vraie famille absente et où l'on se prépare d'une façon douce et naturelle à la vie en société.

LES PROFESSEURS DE L'ÉCOLE RÉGIONALE

AVEUGLES ET CLAIRVOYANTS

PARTIES DE L'ENSEIGNEMENT RÉSERVÉES A CHACUN D'EUX

Les écoles d'aveugles et leurs professeurs dépendraient uniquement du ministère de l'Instruction publique. (*Amendement Buisson et Tournade, formant un paragraphe additionnel à l'article 82 de la loi de finances du 17 avril 1906* (1). Le ministère de l'Intérieur n'interviendrait qu'au point de vue assistance pour fournir aux élèves les bourses d'internat dans les écoles spéciales.

Ces établissements seraient soumis à la *surveillance d'Inspecteurs spéciaux* de l'*Instruction publique* et à celle d'*Inspecteurs délégués par le ministère de l'Intérieur ;* ces Inspecteurs s'occupant chacun des questions relatives à leur ministère.

L'enseignement dans les écoles régionales serait donné *simultanément par des professeurs aveugles et par des clairvoyants.* Il serait oiseux de reprendre tout ce qui a été dit déjà sur cette question. Elle a été, et elle est encore, le sujet d'importantes discussions. Professeurs aveugles et clairvoyants ont leurs partisans et leurs détracteurs sincères et ardents. Il semble même parfois que le véritable but : l'intérêt des enfants aveugles est un peu oublié et qu'il s'agit, entre le clairvoyant et l'aveugle, d'une sorte de rivalité pour savoir qui évincera l'autre dans l'éducation des aveugles. Pour trancher ce différend, indigne des typhlophiles, nous pourrions répondre que les débouchés ne manquent pas aux clairvoyants et que, s'ils n'entrent pas dans les écoles d'aveugles, ils seront professeurs ou contremaîtres ailleurs.

Nous ajouterions que les aveugles instruits doivent pouvoir tirer parti du savoir acquis et que leur interdire le professorat serait injuste et inhumain. Mais, ce sont là des lieux communs, si nous examinons sérieusement la question, que nous consultions les typhlophiles dont la compétence est indiscutable, ou

(1) Depuis l'envoi de ce rapport, nous avons appris l'adoption par la Chambre des Députés (séance du 22 mars), du projet de loi déposé par le Gouvernement (rapporteur M. Chautard) créant les écoles publiques pour les sourds-muets et les aveugles.

que nous nous en rapportions à notre simple bons sens, la réponse est la même:

Il faut des professeurs aveugles et des professeurs clairvoyants parce que les uns et les autres sont utiles à l'aveugle et que les uns ne peuvent pas remplacer les autres.

Déterminons maintenant à l'enseignement de quelles matières, et dans quelle proportion, clairvoyants et aveugles seront employés. Leurs aptitudes spéciales et leur utilité pour le bon fonctionnement de l'école seront nos guides.

M. Londerink, d'Amsterdam, s'exprime ainsi au congrès de 1900 : « Les 3 principaux facteurs auxquels on doit avoir recours dans l'enseignement des aveugles sont : 1° la faculté de se représenter les objets sous le rapport des qualités, forme, etc. Pour les matières qui s'adressent à cette faculté, le maître aveugle conviendra parfaitement puisqu'il connaît par expérience le sentier étroit et tortueux par lequel l'esprit de l'aveugle doit arriver à cette représentation.

2° l'ouïe ; l'aveugle est un excellent maître de musique et d'accordage des instruments ;

3° la mémoire ; l'enseignement de l'histoire, de la grammaire entrent dans sa compétence. »

D'après M. Secrétan, de Lausanne : « l'activité de l'aveugle s'exercera avec le plus de succès dans les branches d'enseignement qui nécessitent l'emploi de méthodes spéciales. Telles sont en particulier la lecture et l'écriture Braille. »

M. l'abbé Rousseau, de Toulouse, croit que : « l'éducation artistique professionnelle peut être confiée à des maîtres aveugles *avec cette réserve que l'adjonction de clairvoyants rendra cet enseignement plus complet.* »

Il ressort de ces citations que dans les parties de l'enseignement où le toucher, l'ouïe et la mémoire ont un rôle prépondérant et pour les études spéculatives, l'aveugle est égal ou supérieur au clairvoyant. Il peut donc enseigner avec un succès certain : la lecture et l'écriture Braille, la musique et l'accord, la littérature, les langues étrangères, l'histoire, la grammaire, les mathématiques et les travaux manuels.

D'autre part, il est unanimement reconnu que le contact avec des clairvoyants, et cela, dès l'enfance, est avantageux pour l'aveugle ; que le clairvoyant est indispensable pour l'éducation physique si importante chez les enfants aveugles ; que le professeur aveugle ne peut surveiller ses élèves d'une manière vraiment efficace puisque leur mauvaise tenue, leurs gestes, leurs manies, leur inattention, lui échappent en partie (les Penjon sont rares). Où il y a un professeur aveugle, il faut donc un surveillant clairvoyant.

Conclusion : l'éducation physique sera confiée à des professeurs clairvoyants, qui enseigneront aussi, de préférence, les matières qui ont un caractère descriptif ou expérimental : la géographie et les sciences (physique, chimie, histoire naturelle). Les petites classes, où les jeux et leur direction sont si importants et dans lesquelles il faut veiller attentivement à la répression des défauts physiques et des mauvaises habitudes, la surveillance et la direction générale appartiendront également aux clairvoyants.

Des institutions d'aveugles ont été et sont encore actuellement dirigées par des aveugles d'une façon remarquable. Mais, n'est-ce pas l'exception qui confirme la règle ? — M. Nadault de Buffon disait fort justement au congrès de 1878 : « Toutes les fois que l'on parle de la direction des maîtres aveugles, il est sous-entendu qu'il devra y avoir à côté d'eux des maîtres voyants chargés de la surveillance matérielle. » Je me permettrai d'ajouter l'adage souvent cité : « Rien ne vaut l'œil du maître. »

Au point de vue éducation morale, s'il est certain que le maître aveugle connaît plus facilement ses élèves puisqu'il sent et pense comme eux ; qu'il gagne plus facilement leur confiance ; qu'il peut leur donner des préceptes de morale et de savoir-vivre ; il est malheureusement impuissant à vérifier d'une manière certaine le résultat de son enseignement. Comme le dit le père Cassien, de Paris : « Dans l'éducation, l'aveugle manque de ce coup d'œil qui plonge jusqu'au fond de l'âme humaine, qui lit sur le visage, qui saisit dans un geste le secret d'une pensée vainement tenue secrète. »

Il serait donc bon que maîtres clairvoyants et aveugles collaborent à l'amélioration morale des enfants qui leur sont confiés.

Après ces considérations, je crois exprimer le vœu général en concluant :

La place de l'instituteur aveugle est à l'école des aveugles et il faut lui réserver cet emploi dans la plus grande proportion possible ; celle des 3/5 ne semble pas exagérée.

Outre les parties de l'enseignement qui ne conviennent pas à l'aveugle, la surveillance et la direction doivent être confiés au clairvoyant.

PRÉPARATION SPÉCIALE DES INSTITUTEURS
CLAIRVOYANTS ET AVEUGLES

« Il importe que ceux qui veulent se vouer à l'enseignement des enfants aveugles se pénètrent de la pensée qu'une préparation sérieuse leur est indispensable, préparation équivalente, mais non pas identique à celle qui est exigée des candidats voyants à l'enseignement. » Ainsi s'exprimait M. Secrétan. En effet, l'enseignement aux aveugles est un enseignement spécial qui nécessite pour les clairvoyants et les aveugles une préparation particulière quoique différente sur certains points puisqu'ils n'ont ni les mêmes aptitudes, ni les mêmes besoins.

Ainsi que je le disais dans l'étude que j'ai eu l'honneur de présenter au Comité permanent, il est certain qu'un clairvoyant intelligent, patient et dévoué peut, après un temps relativement court, être à même d'enseigner d'une manière très profitable aux aveugles. Mais il éviterait bien des tâtonnements, s'il s'était au préalable spécialisé. Le clairvoyant se rend difficilement un compte exact des indications qui lui sont fournies par le toucher et l'ouïe seuls et des résultats qu'il obtiendrait si la vue ne venait, à chaque instant, compléter ces indications ; il devrait donc être astreint à une éducation spéciale des sens, apprendre les procédés les plus rapides pour amener l'enfant aveugle à suppléer à la vue. De plus, le maître ne doit pas seulement instruire, il doit éduquer. Pour remplir cette seconde partie de sa tâche, la plus importante et la plus délicate, il faut que le futur professeur clairvoyant connaisse la mentalité des enfants aveugles, leur sensibilité excessive, leur susceptibilité extrême, leur méfiance sur certains sujets, la vivacité de leur imagination.

Le futur maître aveugle connaît ses pareils ; il a donc besoin surtout d'apprendre à enseigner.

Voici les moyens qui me semblent pratiques pour donner au clairvoyant et à l'aveugle, aspirants-professeurs, les qualités qui leur manquent.

1° L'Institution Nationale deviendrait, comme je l'ai dit déjà, école normale d'enseignement pour les aveugles et les clairvoyants et elle aurait, nécessairement, une école primaire annexe.

Je fais remarquer incidemment que les élèves de l'école supérieure de musique pourraient continuer leurs études intellectuelles à l'école annexe.

2° Les instituteurs aveugles, recrutés dans les écoles régionales, entreraient à l'école normale spéciale, munis du brevet élémentaire et y feraient un séjour de 3 ans.

3° Les instituteurs clairvoyants, recrutés parmi les élèves ayant terminé leur seconde année d'école normale ordinaire, y seraient admis pour 1 an et après un stage d'une année dans une école régionale d'aveugles comme répétiteurs-surveillants.

4° Les élèves-maîtres apprendraient sous la direction de professeurs d'élite (aveugles et clairvoyants) la pédagogie spéciale et pratique pour l'enseignement aux aveugles et se familiariseraient avec le maniement des principales machines à écrire et des autres appareils spéciaux à l'éducation des aveugles.

5° Aveugles et clairvoyants devraient obtenir à leur sortie de l'école normale spéciale, le certificat d'aptitudes à l'enseignement des aveugles.

On pourrait s'étonner de l'âge différent d'admission à l'école normale de Paris des élèves-musiciens et des élèves-maîtres. Cette différence a sa raison d'être : .

Le jeune musicien peut avoir à 13 ans, 6 années environ d'étude musicale, et il est possible de juger d'une manière presque certaine, s'il est assez doué pour continuer des études musicales supérieures, tandis qu'il n'est pas permis d'affirmer que le jeune homme ou la jeune fille de cet âge pourront devenir de bons maîtres. Apprendre est une question d'intelligence, enseigner, une affaire de vocation, laquelle exige outre le savoir, un dévouement, une patience, un tact qui ne peuvent exister chez des enfants aussi jeunes.

C'est pour la même raison que le clairvoyant doit faire un stage dans une école d'aveugles avant d'entrer à l'école normale spéciale. Il sait qu'il aime l'enseignement puisqu'il est élève de l'école normale et qu'il fait depuis 2 ans des études pédagogiques. Il croit pouvoir se spécialiser, mais pour être sûr de posséder les qualités requises il faut qu'il vive quelque temps avec les aveugles ses futurs élèves. Ce séjour parmi eux lui permettra de les connaître et d'affirmer sa vocation.

J'ajoute que le surveillant, aspirant-professeur n'entrerait à l'école régionale que sur avis motivé du directeur d'école normale et qu'il ne serait admis à l'école normale spéciale qu'après approbation du directeur de l'école régionale.

Cette combinaison assurerait d'une manière régulière le recrutement des surveillants. Il est inutile d'insister sur l'heureuse influence qu'auraient sur les élèves ces jeunes gens et jeunes filles instruits et d'une moralité certaine, ni sur les services qu'ils rendraient, particulièrement dans les cours d'adultes. Tout heureux de transmettre un savoir récemment acquis, désireux de réussir à se spécialiser, ils seraient, dirigés par les professeurs de l'école, de précieux auxilliaires.

NOMBRE ET SITUATION DES ÉCOLES RÉGIONALES

D'après la statistique dressée en 1901, les aveugles de 1 à 19 ans inclus, se répartissent par régions :

Ouest.	299
Nord-Ouest	167
Nord	259
Nord-Est	175
Centre	247
Est.	154
Sud-Ouest.	166
Sud.	144
Sud-Est.	211
Paris.	589
Total.	2411

Selon cette statistique et, étant reconnu que pour des raisons d'ordre intellectuel et matériel (*perfectionnement des accordeurs, apprentissage des masseurs, concerts pour les musiciens, conférences pour les adultes, approvisionnement des ateliers et écoulement de leurs produits*), il est utile que les écoles régionales soient établies dans de grands centres, elles pourraient être créées ou organisées dans les villes suivantes :

Nantes, Rouen ou Amiens, Lille, Nancy, Bourges ou Clermont-Ferrand, Dijon, Lyon, Bordeaux, Toulouse, Montpellier, Marseille, Saint-Mandé.

CONCLUSIONS

1° *L'éducation des aveugles comprenant, outre l'enseignement intellectuel, l'enseignement professionnel et musical qui doit leur être donné simultanément, l'école primaire publique est, pour eux, insuffisante et incomplète. Il faut aux aveugles des écoles spéciales.*

2° *L'instruction sera obligatoire et gratuite pour les enfants aveugles.*

3° *Le ministère de l'Instruction publique rendra l'obligation possible par la création et l'entretien des écoles spéciales. Il fournira les professeurs et les rétribuera.*

Le ministère de l'Intérieur contribuera à assurer la gratuité par les bourses d'internat.

4° *Chaque école régionale comprendra :*
> *une école primaire.*
> *une section d'arriérés.*
> *un atelier d'apprentissage.*
> *et des cours d'adultes qui compléteront l'enseignement scolaire.*

5° *Des professeurs aveugles et clairvoyants donneront l'enseignement, selon leurs aptitudes et dans une proportion déterminée d'après l'intérêt des élèves et le bon fonctionnement de l'école.*

La proportion de 3/5 pour les aveugles peut servir d'indication.

La surveillance et la direction seront exclusivement réservées aux clairvoyants.

6° *Les professeurs, aveugles ou clairvoyants, préparés à l'école normale spéciale, devront être munis du certificat d'aptitudes à l'enseignement des aveugles. Ce diplôme donnera droit à un supplément de traitement soumis à retenue.*

7° *Les surveillants seront recrutés dans les écoles normales ordinaires parmi les aspirants-professeurs.*

8° *Les écoles régionales seront organisées, le plus tôt possible, dans les villes suivantes : Nantes, Rouen ou Amiens, Lille, Nancy, Bourges ou Clermont-Ferrand, Dijon, Lyon, Bordeaux, Toulouse, Montpellier, Marseille, Saint-Mandé.*

Lyon-Villeurbanne, le 20 mars 1910.

L'ASSISTANCE DES AVEUGLES PAR LE TRAVAIL

ET

LES ATELIERS REGIONAUX

RAPPORT

Présenté par M. BOYER

Directeur
de l'Institut des Aveugles de Dijon

L'ASSISTANCE DES AVEUGLES PAR LE TRAVAIL

On conçoit fort bien qu'à l'époque de Saint-Louis on ait admis que la charité seule fût la base de l'assistance à donner aux aveugles, mais, ne semble-t-il pas qu'au XXe siècle on doive faire entrer en ligne de compte l'instruction et le travail et qu'il ne devrait plus être permis aujourd'hui de considérer encore ces malheureux comme de vrais parasites, obligés de recevoir toujours et sans jamais rien donner, comme des êtres déchus en quelque sorte et d'éternelles non-valeurs dans l'ensemble des forces sociales ?

Des progrès se sont accomplis depuis le XIIIe siècle, dans notre civilisation et dans nos mœurs, et, bien que sous ce rapport ils n'aient pas été tout ce qu'ils auraient dû être, il est suffisamment démontré cependant que la cécité n'est qu'une simple tare physique et non intellectuelle, et que, grâce à une instruction spéciale, qui leur ouvre la porte du travail et de la production, les aveugles parviennent à conquérir droit de cité dans la grande famille humaine.

L'éducation fait l'homme. Cet axiome, évident pour tous, se vérifie plus facilement encore quand on l'applique à l'aveugle. Une solide instruction le régénère, pour ainsi dire, lui donne de la confiance en lui-même, l'arme de courage et d'énergie et lui communique une certaine et légitime prétention. Ainsi bien préparé, moralement et physiquement, il peut parvenir à se frayer un chemin dans la vie, à revendiquer par le travail son droit à la liberté, à la vie commune et sociale. Puis, jaloux de cette liberté péniblement acquise, conscient de sa dignité d'homme, de citoyen indépendant, heureux de vivre du produit de son labeur, il ne consentirait jamais à sacrifier sa situation, si humble fût-elle, pour entrer dans une sorte de caserne-couvent, et vivre dans une promiscuité perpétuelle, au milieu d'étrangers indifférents.

Puisque, depuis quelque temps, on se décide enfin à s'occuper sérieusement des aveugles, si on veut leur venir en aide d'une manière rationnelle et efficace, que l'on ne pense pas d'abord à la création de nouveaux Quinze-Vingts, ainsi que le proposait, à un de nos derniers congrès, un typhlophile bien intentionné. Que l'on ne se contente pas de songer avant tout au mode d'hospitalisation le plus favorable, car le meilleur ne vaut rien pour la grande majorité d'entre eux. Ce qui s'impose le plus, ce sont des écoles spéciales, bien organisées, et, ce qui est d'une urgence plus absolue encore, car c'est ce qui nous fait le plus défaut, ce sont des ateliers d'apprentissage et des organisations industrielles, vraiment dignes de ce nom. L'école libérera leurs facultés intellectuelles « emmurées », et l'apprentissage de métiers en rapport avec leurs aptitudes permettra, au plus grand nombre du moins, de vivre en dehors de toute muraille morale ou matérielle.

Ce serait assister les aveugles trop « aveuglément » que de n'intervenir que pour les mettre à l'abri du besoin, que pour leur assurer le gîte ou même le couvert. Il faut bien se rendre compte que si la cécité est la plus grave, la plus redoutable des infirmités, ce n'est pas seulement en raison de la privation de toutes les jouissances que peut procurer, par exemple, la vue des magnifiques spectacles qu'offrent les beautés de la nature, ou la vue même des personnes qui nous sont chères ! Non, car s'il en était ainsi, l'aveugle-né ne souffrirait nullement d'être privé de ces avantages, qu'il n'a pas connus, et dont il ne peut, du reste, se faire une juste idée, et l'aveugle « accidenté » se résignerait plus facilement à son sort s'il n'avait que ce seul regret. Mais, la privation de ce sens, précieux entre tous, est un grand obstacle à la loi des lois, à la loi du travail, loi moralement obligatoire et nécessaire pour tous, riches ou pau-

vres. Le travail est, en effet, la santé de l'esprit et la force de
l'être. Il a été quelquefois déjà, et il devrait l'être toujours, la
suprême consolation de ces hommes actifs, dont la vue s'est
éteinte en pleine force de l'âge et de la santé. Lui seul est capable de les soustraire à la tristesse déprimante d'une vie sans
but, en leur permettant encore d'employer leurs forces et leur
énergie dans de nouveaux travaux. On est assez humain pour
ne pas priver les prisonniers de certaines occupations manuelles,
pourquoi ne favoriserait-on pas aussi, par tous les moyens
possibles, le travail aux malheureux enténébrés, ne serait-ce
que par distraction, et indépendamment de toutes considérations d'ordre économique, qui auraient cependant leur valeur ?

ATELIERS RÉGIONAUX

L'assistance par le travail est bien le moyen le plus naturel,
le plus humain et le plus économique d'assurer l'aide sociale
que l'on doit aux aveugles.

Pour l'appliquer à tous les céciteux de France et d'Algérie
(ils sont 40.000 environ), elle va nécessiter la création ou la
réorganisation d'une douzaine d'ateliers régionaux.

À première vue, ce nombre de douze peut paraître insuffisant. J'estime, au contraire, qu'il répondrait à tous les besoins
du moment. Il ne faut pas trop compter sur un effet, pour
ainsi dire rétroactif, de cette réforme, elle ne profitera surtout qu'aux nouvelles générations d'aveugles. Les milliers
d'entre eux qui végètent actuellement près de parents pauvres,
pour lesquels ils sont une charge, ou qui se trouvent hospitalisés dans des établissements de toutes sortes : asiles de vieillards, d'incurables, voire même d'aliénés, ne pourront, pour la
plupart du moins, bénéficier des avantages qu'offriront ces
ateliers. C'est trop tard pour beaucoup d'entre eux. Toute leur
énergie d'homme a été minée, épuisée, par l'énervement de
l'inaction. Quant aux nombreux mendiants qui encombrent
nos rues, et qui sont loin d'en être l'ornement, inutile de songer
à les recruter, ce sont de pauvres êtres dégradés et moralement
perdus à tout jamais.

Ces ateliers devront être de deux sortes : 1° des ateliers professionnels ou ateliers d'apprentissage, destinés à assurer un
excellent enseignement théorique et pratique, surtout à tous
les mineurs ; 2° des ateliers industriels ou de production, ate-
liers-fabrique ou ateliers-usine, dont le but principal serait de
procurer un travail constant et, par conséquent, d'éviter tout

chômage aux adultes qui n'ont pas la facilité d'exercer utilement leur métier chez eux.

Ces ateliers régionaux devront être organisés dans des centres importants, pour rayonner sur plusieurs départements, et, de préférence, dans une grande ville, ou à proximité. La grande ville offre, en effet, des ressources de toutes sortes pour la fourniture de l'outillage et des matières premières. L'écoulement des objets fabriqués y est aussi rendu plus facile. Il y a également lieu de tenir compte d'une autre considération qui a son importance dans un centre où les aveugles sont déjà avantageusement connus, où ils ont donné des preuves de savoir et d'activité utilisables, le terrain est mieux préparé pour recevoir une fondation de ce genre. On peut dire que le succès des ateliers régionaux dépendra en grande partie de l'intérêt plus ou moins grand, plus ou moins effectif, que les administrations locales, et le grand public surtout, leur portera.

1° Des Ateliers Professionnels

D'après le projet de loi de l'honorable sénateur Labrousse, projet déposé le 12 juillet 1909, il est prévu que des écoles et ateliers régionaux seront ouverts dans les villes désignées par une loi.

Les noms de ces villes ont été donnés, à titre d'indication, dans un rapport de M. Dussouchet, secrétaire de la 2e sous-commission du Comité permanent, institué au ministère de l'Intérieur. Les voici : Paris, Nancy, Dijon, Lyon, Marseille, Montpellier, Toulouse, Bordeaux, Nantes, Lille, Clermont-Ferrand et Amiens.

Ce choix me paraît excellent, seulement j'ajouterais Alger, car l'Algérie compte, à elle seule, 8.000 aveugles ! et je proposerais Rouen comme siège d'un atelier professionnel, de préférence à Amiens. Entre Lille et Nantes, la situation géographique de Rouen me semble mieux désignée. Puis, raison principale à mon point de vue, c'est que la ville d'Amiens possède un hospice d'aveugles, doté de cinq millions. Or, il serait difficile de transformer en bons travailleurs des aveugles aussi bien rentés, et les dispositions testamentaires de M. de Beauvillé doivent s'opposer à ce que d'autres départements profitent de son généreux legs.

Les treize villes précitées posséderaient donc chacune leur école régionale, avec les ateliers d'apprentissage qu'elle doit comporter, ateliers qui en seront le complément nécessaire et indispensable, pour lui donner un véritable caractère professionnel et se rapprochant, dans la mesure du possible, de celui des écoles pratiques de commerce et d'industrie des clairvoyants.

N'ayant pas à traiter la question école, je ne dis rien des divers travaux éducatifs qui doivent être si judicieusement enseignés à tous nos élèves sans exception, pour leur donner de bonne heure adresse et célérité, et pour servir de base et d'initiation à l'apprentissage d'un métier à ceux qui sont destinés aux travaux manuels. Et, ce doit être le plus grand nombre, car il est bien démontré, aujourd'hui, que la cécité ne procrée aucune prédisposition particulière, que l'aveugle ne naît pas plus musicien ou mathématicien que le clairvoyant, et que s'il parvient parfois, en raison de dispositions exceptionnelles, à se distinguer soit dans un art, soit dans une science, ce n'est, le plus souvent, que grâce à un surcroît d'efforts, à un travail des plus tenaces, il n'en a, du reste, que plus de mérite.

C'est à la fin du cours primaire, c'est-à-dire vers l'âge de 13 ou 14 ans que les élèves de nos institutions régionales seront déversés dans les divers ateliers d'apprentissage de l'École, exception faite pour quelques rares sujets d'élite destinés à se préparer à une carrière libérale. Les maîtres, bien entendu, ne devront pas attendre cette époque pour étudier et bien observer les dispositions, les goûts et les aptitudes de leurs élèves, afin de pouvoir les diriger dans la voie la plus sûre. Cette importante question aura été, durant tout le cours primaire, l'objet de leur principale préoccupation.

Les ateliers d'apprentissage pour aveugles n'exigent, en somme, aucun aménagement particulier. La forme rectangulaire est la plus favorable. Il convient de leur assurer autant d'aération, d'éclairage et de confortable qu'à ceux des clairvoyants. Des outils spéciaux sont nécessaires dans certains cas, aussi devra-t-on en mettre à la disposition de chaque apprenti, afin d'éviter toute perte de temps. Les contremaîtres n'oublieront pas que l'ordre absolu doit être de rigueur dans l'enseignement des travaux manuels à des aveugles. L'ordre est une des premières vertus de l'ouvrier privé de la vue. On ne saurait trop s'imaginer ce qu'il peut lui économiser de temps, tous les services qu'il peut lui rendre et tous les mécomptes qu'il lui fera éviter. Il faudra veiller à ce que chaque chose soit toujours à sa place et prête à servir en temps utile et exiger aussi que chaque apprenti utilise, par exemple, la plus petite pincée de chiendent ou de soie et même jusqu'au moindre bout de canne pour lui faire prendre des habitudes d'ordre et d'économie, dont il se ressentira toujours.

Les ateliers professionnels ayant surtout pour but de former de bons ouvriers, destinés à exercer leur profession chez eux, il n'y aura nullement lieu de penser à la division du travail, il faut même l'éviter soigneusement, au contraire, car elle n'est pratique que dans un atelier qui vise à la production, ainsi que nous le verrons tout à l'heure. Il est indispensable, par exemple, que le vannier façonne complètement son panier lui-même, que le brossier monte sa brosse, se charge de la coupe, du placage, du polissage et même du vernissage. Les apprentis doivent apprendre tous les détails de leurs métiers et la division du travail ne le leur permettrait pas. Pour cette même raison, il vaut mieux qu'ils ne soient pas payés. Les élèves des Écoles professionnelles ordinaires ou d'Arts et Métiers ne sont pas rétribués non plus. Que l'Établissement tire quelque profit du produit de ce travail d'apprentis, rien de plus juste, il ne sera qu'un infime dédommagement pour les pertes des matières premières, pertes très onéreuses dans le début. Il est absolument nécessaire que nos jeunes gens travaillent avec le plus d'ardeur possible, en sacrifiant tout intérêt, tout bénéfice immédiat, pour ne viser qu'à se rendre capables de se créer une situation dès l'âge de 18 ou 20 ans. Ce sentiment inné et bien naturel de pouvoir profiter enfin du produit de leur travail, de le gérer comme bon leur semblera, sera un précieux stimulant : ils auront soin de mieux s'appliquer encore, de viser à se perfectionner, à produire vite et bien, pour se libérer le plus tôt possible de leur apprentissage et atteindre enfin à l'indépendance rêvée.

Le nombre de métiers manuels enseignés généralement aux aveugles est malheureusement trop restreint, en France surtout. Les associations de patronage ou d'assistance auraient dû, semble-t-il, s'en préoccuper en en exprimant d'autres, mais il n'en a rien été. Les institutions de province, manquant de ressources, la plupart du temps, n'ont pu donner libre cours à leur initiative. Quand elles seront Établissements régionaux, elles disposeront, je l'espère, de plus grands moyens d'action. Puis, il faut bien l'avouer aussi, il existe parmi les aveugles un préjugé vivace contre les travaux manuels, préjugé qu'il faut détruire. La musique a été longtemps considérée, chez nous ,non seulement comme le meilleur, mais presque comme le seul gagne-pain de l'aveugle. Si honorable que soit la profession d'organiste, n'est-ce pas amoindrir les capacités générales de l'aveugle que de le considérer impropre à toute autre chose : les portes du commerce et de l'industrie doivent lui être grandes ouvertes, et on ne les lui a encore qu'entrebaillées jusqu'ici.

L'accord et la facture de pianos jouissent d'une réputation méritée : c'est pour nos jeunes gens un métier manuel libéral très recherché. Encore ne convient-il pas à tous indistinctement. Indépendamment des qualités et des dispositions qu'il exige de la part de l'élève, se pose aussi la question de l'exercer fructueusement. A la campagne, par exemple, il est fort difficile de se créer une clientèle suffisante et, dépayser un aveugle, lui faire quitter son village pour l'établir en ville, c'est risquer bien des aléas.

Le paillage et le cannage sont des métiers communs, que l'on apprend parfois faute de mieux. Bien que n'étant pas très rémunérateurs, ils peuvent néanmoins nourrir leur homme, surtout si la clientèle ne lui fait pas défaut.

La brosserie est excellente pour les uns et inutile pour d'autres. Dans quelques centres favorables à l'exercice de ce métier, certains aveugles parviennent à gagner plusieurs milliers de francs par an ; par contre, d'autres, aussi intelligents et aussi bons ouvriers, ne font que végéter, se trouvant dans un milieu ingrat où l'écoulement de la marchandise est plus difficile, ou bien la concurrence plus grande.

Il en est de même de la vannerie, qu'il ne faut enseigner qu'à bon escient et lorsqu'elle doit être exercée dans un endroit reconnu favorable.

Il est à remarquer aussi qu'il est bon d'encourager les apprentis les plus débrouillards à cumuler plusieurs métiers, à être chaisiers et brossiers, par exemple, ou cordiers, ou vanniers. En mettant ainsi plusieurs cordes à leur arc, ils auront plus de chance de se tirer d'affaire.

Le tour et la menuiserie sont aussi bien à la portée des aveugles adroits, mais, c'est surtout la cordonnerie que je conseillerais de généraliser dans tous les ateliers d'apprentissage.

Le métier de cordonnier est actuellement un peu délaissé par les clairvoyants, bien qu'il soit très rémunérateur. Que les aveugles s'y adonnent donc en grand nombre, surtout ceux, et ils sont nombreux, qui habitent la campagne, où la profession d'accordeur, de professeur de piano, de brossier est difficile à exercer. Dans un simple village, un savetier aveugle aura suffisamment de travail à domicile pour gagner largement sa vie. Contrairement au brossier ou au vannier, il n'aura pas l'ennui de s'encombrer de matières premières, ni le souci et l'inconvénient de se déplacer pour vendre sa marchandise. Il y aura pour lui suppression de frais de conducteur, de frais de représentation, économie d'habillement et même de loyer. Il lui sera loisible aussi d'ajouter un peu de commerce à son travail ordinaire en vendant : cirage, lacets, galoches, chaussons et chaussures de toutes sortes, faites par lui-même ou achetées à bon compte dans une manufacture.

La bourrellerie, autre métier sédentaire, convient parfaitement à l'aveugle, et elle est encore plus lucrative que la cordonnerie. Il semble donc que ce serait le maniement du tranchet qui supprima la vue à Braille qui paraît, aujourd'hui, appelé à rendre les plus utiles, les plus appréciables services aux aveugles, car il sera pour beaucoup leur meilleur outil de travail, leur épée de combat pour se frayer un chemin dans la vie.

2° *Des Ateliers Industriels pour Adultes*

Travailler chez soi et pour son propre compte est bien l'idéal de tous les laborieux humains, mais hélas ! il n'est pas donné à chacun de l'atteindre. Alors, que faire ? Les ouvriers clairvoyants ont au moins des fabriques, des usines, des entreprises de travaux publics de toutes sortes, qui leur assurent souvent un travail de tout repos. Or, pourquoi n'en serait-il pas ainsi pour tous les céciteux encore valides et âgés de 20 à 55 ans ? Nul n'ignore qu'ils sont nombreux et combien le manque de travail leur est préjudiciable : c'est pour eux une vraie pente glissante vers l'inaction, la paresse et le vice. Il appartient à l'État et aux administrations départementales de combler cette grave lacune.

Des ateliers industriels pour aveugles adultes s'imposent dans nos grands centres. Ils peuvent être créés indépendants des ateliers professionnels, puisqu'ils n'ont pas le même but, mais, le plus souvent, ils y seront rattachés en raison des incontestables avantages économiques que ce rapprochement doit présenter.

Je n'ai nullement le temps, ni l'intention d'entrer ici dans tous les détails qu'exigerait le développement d'une telle organisation industrielle. Je ferai seulement constater qu'elle doit comporter, outre des ateliers proprement dits, des magasins de matières premières bien alimentés, un magasin de vente et d'expédition, des logements suffisants pour un certain nombre d'internes, ainsi qu'une cantine coopérative.

L'externat serait recommandé de préférence et favorisé dans la mesure du possible, il serait obligatoire pour tout aveugle chargé de famille, dût-on lui accorder un supplément de secours de loyer.

Chaque ouvrier interne ou externe serait payé aux pièces, soit journellement, soit à la fin de la semaine. Le tarif de tout paiement ne serait jamais inférieur au tarif syndical ordinaire.

Contrairement aux ateliers professionnels dont nous avons parlé, les ateliers industriels d'adultes, visant à une production intensive, permettront la division du travail et la spécialisation, l'une et l'autre très utiles à l'aveugle, car elles le rapprocheront du clairvoyant comme rapidité et perfection.

Quelques métiers qui exigent, dans une certaine mesure, l'aide d'un voyant ou le concours d'un demi-voyant, y pourront être pratiqués, tels que la sparterie, la tonnellerie, la réfection des matelas, la fabrication des balais de sorgho, de grillages en fil de fer, d'allume-feux, de chaussons en lisières à la machine, de paillons pour bouteilles, à la machine également, le tournage des bouchons, etc.

La brosserie pourvue d'un moteur pour la coupe mécanique serait pratiquée en grand, et chaque atelier régional pourrait être chargé de la fourniture des brosses de son corps d'armée.

La cordonnerie également gagnerait beaucoup à la division du travail dans l'atelier industriel et, grâce à des machines-outils et à l'aide de quelques techniciens « clairvoyants », on pourrait aussi fabriquer quantité de « chaussons de troupe ».

L'État, bien inspiré en mettant ainsi nos ateliers à contribution pour une partie de ses fournitures, prendrait doublement ses intérêts : d'abord, il serait plus conciencieusement servi, et, d'autre part, il diminuerait considérablement ses frais généraux d'assistance, tout en faisant des heureux.

ATELIERS RÉGIONAUX

pour Jeunes Filles et Femmes Aveugles

Les jeunes filles et femmes aveugles sont beaucoup moins

nombreuses, mais leur sort n'en est pas meilleur, le plus souvent, au contraire, la destinée leur est plutôt sévère. A elles aussi, il est urgent d'assurer un bon enseignement professionnel et d'organiser des ateliers régionaux avec internat ou maison de famille.

Ces ateliers seront moins importants que ceux dont nous avons parlé et une division en tant que salles de travail pour les mineures et les adultes ne sera pas indispensable. Ils assureront, à la fois, l'apprentisage des plus jeunes et procureront un travail permanent à toutes celles qui ne pourraient en trouver, livrées à elles-mêmes ou abandonnées aux hasards de la vie.

Il va de soi que ces ateliers devront être suffisamment isolés de ceux des hommes pour empêcher toute relation. Avec une installation bien comprise, on peut obtenir ce résultat, tout en conservant une direction commune et un même économat.

La liberté devant forcément être limitée, selon que le danger est plus ou moins proche, je ne serais pas éloigné de croire qu'une séparation plus complète encore, une installation tout à fait indépendante même ne soit pas désirable Cependant, au point de vue pratique, la question présenterait des inconvénients. Des ressources plus importantes seraient d'abord nécessaires, puis, difficulté plus grande encore, c'est la compétence de direction dont il faut tenir compte avant tout. Rien ne serait aussi facile que de trouver des directeurs, des directrices pour de simples asiles, donnant à boire et à manger ou distribuant un peu de travail pour agrémenter le temps. Mais le cas est tout autre, et le plus grand obstacle, même à l'organisation générale de l'assistance des aveugles par le travail, sera précisément de découvrir, pour mettre à la tête de nos ateliers régionaux, des personnalités réunissant à la fois de profondes qualités pédagogiques et d'excellentes dispositions commerciales et industrielles.

Un certain nombre de métiers, dont il a déjà été question, pourront être aussi enseignés et pratiqués dans ces ateliers : cannage, paillage, brosserie, vannerie, etc. Il y aura en plus le tricot, des travaux divers de dentelle au crochet, de dentelle de fil à l'aiguille, de guipure réticulées, le tissage au métier, la confection de bas et chaussettes à la machine, la fabrication des couronnes en perles, celle des bourrelets pour portes, etc.

On ne devra pas oublier, avant tout, qu'il est très important d'initier de bonne heure les jeunes filles aveugles à différents travaux de ménage, à la bonne tenue d'une maison, à la cuisine même. Certaines institutions d'Amérique ont organisé de véritables cours culinaires pour leurs pensionnaires et, plus que chez nous, on a soin de les mettre à même de rendre une infinité de services ménagers. Par ce seul moyen, elles sont déjà moins à charge, elles gagnent une partie de leur vie, et sans préjudice de ce que peut leur rapporter le métier manuel qu'elles ont appris et qu'elles peuvent exercer entre temps.

Je n'ose réclamer pour les ateliers de nos ouvrières adultes le même confortable, le même luxe d'installation que l'on trouve parfois en Angleterre, et notamment à Glascow, où, par exemple, la matelasserie se pratique tout à fait en grand, où l'on a recours à la force motrice pour carder et épurer la laine et où l'on peut voir une quarantaine de machines Singer, à transmetteur électrique, fonctionnant sous le contrôle de mécaniciennes aveugles, etc. Ce qui me semblerait être plus pratique et plus désirable pour les aveugles françaises, ce serait d'obtenir de l'État le privilège de fabriquer les cigares. Il ne peut exister un travail plus à leur portée. Grâce à leur tact délicat, elles deviendraient en peu de temps des cigarières fort habiles. L'expérience, dans tous les cas, est simple à faire, et elle serait peu coûteuse. Qu'on la tente donc ! Quelles précieuses ressources retireraient les malheureuses aveugles de ce travail facile, régulier et rémunérateur ! Ce serait l'heureuse solution de leur question sociale.

LES ASILES
POUR L'HOSPITALISATION DES AVEUGLES
INCAPABLES D'UN TRAVAIL UTILE

RAPPORT

Présenté par M. LAFONTAINE

Directeur

de l'Institution des Sourds-Muets et des Aveugles du Rhône

(Lyon-Villeurbanne)

Lorsque le nombre des aveugles sera diminué par l'application des sages mesures préventives indiquées par les oculistes et mises en vigueur dans les cliniques ophtalmologiques, dans les familles et dans les usines ou bureaux ; lorsque les écoles régionales prévues par le projet de loi que M. Chautard vient de faire adopter à la Chambre des Députés, auront donné à la majorité des enfants l'instruction intellectuelle et professionnelle ; lorsqu'enfin la création d'ateliers spéciaux aura permis à l'adulte de faire un travail utile et rémunérateur, l'assistance que la Société doit à tous les aveugles ne sera pas encore complète. Il restera toujours un nombre trop considérable de malheureux incapables de subvenir à leurs besoins. Quels seront-ils et que faudra-t-il faire pour eux ?

Les uns, *dégénérés intellectuels, idiots, épileptiques, gâteux*, ne peuvent, en raison de ces tares, être admis dans une école ordinaire ou, après un essai, plus ou moins long, en seront écartés. Durant toute leur existence, ces non-valeurs végèteront, souvent sans joie, à coup sûr sans utilité sociale.

D'autres, *aveugles accidentels au déclin de la vie*, sont inaptes à l'apprentissage d'une profession dont l'exercice assurerait leur existence. C'est le cas des vieillards que l'affaiblissement ou la perte complète de la vue, ajoutés aux infirmités amenées par l'âge, rendent incapables de toute occupation.

D'autres enfin, *ouvriers*, *musiciens*, *professeurs*, travaillent courageusement pendant de longues années, et vivent au jour le jour ; devenus vieux, ils n'ont plus ni assez d'habileté, ni assez de force pour continuer un labeur épuisant. La persévérance montrée à l'atelier mérite autre chose que la mendicité à laquelle les condamne la vieillesse, unie à l'infirmité.

C'est le devoir de la collectivité de se charger de ces trois catégories de malheureux.

ASSISTANCE A DOMICILE

Pour des raisons humanitaires dont le développement nous entraînerait trop loin et qui sont d'ailleurs connues suffisamment, il faut, en lui accordant *une pension viagère*, laisser l'aveugle dans son milieu social, dans sa famille, partout où il sera possible de le faire, tel est le but du paragraphe 1ᵉʳ de l'article 2 du projet de loi de M. Labrousse ; telle est également la portée du secours alloué en vertu de la loi du 14 juillet 1905.

ASSISTANCE PAR HOSPITALISATION. — SA NÉCESSITÉ

Ce mode d'assistance est de beaucoup le moins coûteux et le plus naturel. Moyennant une faible mensualité de quinze à vingt francs, la famille de l'aveugle le garde volontiers.

Malheureusement, il faut envisager le cas de l'infirme isolé. Ne doit-on pas craindre que son placement dans une famille étrangère soit une cause de spéculation.

L'indemnité allouée ne risque-t-elle pas d'être considérée comme un bénéfice ? Et alors, quelle sera la condition de l'assisté ? Sans parler de son isolement moral, presque complet, au milieu de clairvoyants peu disposés à compatir à sa misère, ne traînera-t-il pas une existence languissante, la nourriture et les soins ne seront-ils pas réduits pour lui au strict nécessaire ?

Le groupement dans un asile s'impose pour éviter cette situation odieuse.

Situation actuelle de l'hospitalisation. — La question a déjà fait l'objet des réflexions des congressistes de 1878, de 1889 et de 1900. Tous ont été unanimes à reconnaître qu'à défaut de l'assistance familiale, l'hospitalisation est indispensable. Des tentatives ont été faites dans ce sens, aussi bien en France qu'à l'étranger.

C'est ainsi qu'à Prague, l'asile François-Joseph, fondé en 1893, par la Caisse d'Epargne de la Bohême, abrite environ 120 pensionnaires des deux sexes, de tous âges et de toutes conditions ; ses dépenses s'élèvent à environ 80.000 francs, soit 650 francs à 700 francs par hospitalisé. Retenons ces chiffres qui nous paraissent raisonnables. M. Vaughan qui a visité l'établissement, en 1908, l'a trouvé parfaitement aménagé et a constaté l'apparence de santé des pensionnaires.

M. de la Sizeranne, si bien documenté, nous apprend qu'à Kœnigswartha, en Saxe, les aveugles, vieux ou infirmes, ainsi que les idiots sont entretenus aux frais de l'Etat, aidé par une Société privée.

En Suisse, « le Foyer » de Vernand, fondé par Mlle Maillefer, reçoit les enfants aveugles-idiots. En Angleterre, Londres, Dublin, Aberdeen possèdent des établissements ayant une section spéciale pour adultes, âgés ou infirmes.

En France, d'après la statistique dressée par l'Association Valentin Haüy, en 1909, des asiles existent à Amiens, Arras, Chartres, Courbevoie, Déols (Indre), La Force (Dordogne), Le Mans, Lyon, Marseille, Nancy, Paris, Saintes, Saint-Mandé, Souchez (Pas-de-Calais).

2.500 aveugles y sont admis.

A Paris et dans la Seine seulement 300 aveugles sont aux Quinze-Vingts, 145 à Bicêtre, 165 à la Salpêtrière, 61 à l'hospice d'Ivry.

Le caractère de ces établissements est très variable. Dans la plupart, à côté des aveugles, incapables de tout travail, vivent ceux qui se livrent à une occupation plus ou moins rémunératrice, le plus souvent au bénéfice de la maison.

Il est difficile, dans ces conditions, de délimiter nettement la part qui revient à l'asile-ouvroir et celle de l'hospice pour incapables.

Il est donc à peu près certain que la statistique précitée, malgré le soin apporté à son élaboration, fournit des résultats erronés. Je n'en veux pour preuve que les constatations que j'ai pu faire à Lyon au cours d'une enquête dont j'avais été chargé par M. le Préfet du Rhône en novembre dernier. J'ai pu relever la présence d'aveugles adultes dans 13 établissements publics ou privés, alors que la statistique ne fait mention que de deux hospices. Ceux-ci comptaient à ce moment l'un 18 aveugles des deux sexes, le deuxième 4 femmes ; 45 cécitaux étaient dans les 11 autres maisons. Sur les 67 recensés, de 20 ans et au-dessus, 25 travaillaient, sur lesquels 13 auraient pu subvenir à leurs besoins s'ils avaient été dans de meilleures conditions d'installation d'atelier et de production ; les 12 autres se livraient à une occupation mais ne travaillaient pas assez régulièrement pour couvrir ainsi les dépenses. Quarante-deux hospitalisés étaient absolument incapables de tout travail.

En nous basant sur les données fournies par ces chiffres, dont les proportions se retrouvent certainement dans les autres régions de la France, nous pouvons admettre que les 2/3 des aveugles hospitalisés sont incapables de travail utile, soit environ $\frac{2.500 \times 2}{3} = 1666$, auxquels il convient d'ajouter la moitié des 833 restants, ce qui donne un total d'environ 2.100. Seuls 400 hospitalisés pourraient, dans certaines conditions, assurer leur existence par le travail.

Pourquoi, dira-t-on, ces 400 aveugles sont-ils dans des hospices ? Cela tient à ce que livrés à eux-mêmes, l'absence d'ateliers spéciaux ne leur a pas permis d'exercer les professions manuelles apprises soit à l'école, soit auprès d'autres aveugles. Ils ont été très heureux d'entrer dans un établissement hospitalier où en échange du vivre et du couvert, ils peuvent rendre quelques services. La création d'ateliers régionaux fera disparaître des hospices cette catégorie d'aveugles.

Les enténébrés sont-ils dans les hospices l'objet de mesures spéciales ? A part les asiles formant des sections spéciales dans les hôpitaux ou hospices, les aveugles sont disséminés au milieu des clairvoyants, comme à la Salpêtrière, comme dans tous les établissements que j'ai visités à Lyon.

Presque partout, ils sont trop peu nombreux pour provoquer de la part des administrations respectives des mesures spéciales, tout au plus facilite-t-on leur réunion dans quelques salles où ils peuvent lire les livres prêtés par le service de la bibliothèque Braille, organisée à l'Association Valentin Haüy. Ce sont les privilégiés !

Le plus grand nombre sont complètement livrés à eux-mêmes, l'établissement se contente de leur assurer la nourriture et les soins matériels.

De ce rapide coup d'œil sur la situation actuelle des aveugles hospitalisés, il ressort que *l'arbitraire préside à leur destinée et que cette forme de l'assistance doit être organisée.*

ORGANISATION NOUVELLE

Voyons ce qui devrait exister et ce que nous pourrions désirer.

Les *enfants aveugles arriérés*, exclus impitoyablement des écoles régionales qui vont certainement être créées par l'application de la loi Chautard, seraient admis dans quelques établissements spéciaux. L'école de Chilly-Mazarin (Seine-et-Oise) due à l'initiative de l'Association Valentin Haüy et « Le Foyer » de Vernand (Suisse) serviraient de modèles. Après avoir appris les soins les plus élémentaires de propreté, de tenue, les enfants y seraient développés selon leurs aptitudes physiologiques et intellectuelles, et occupés à des travaux très simples de gros cannage, de travaux en lisières, de filochage, etc. Ils passeraient alors dans la section des adultes où ils continueraient à végéter agréablement, distraits par des récréations musicales à leur portée, par des jeux adaptés à leurs facultés endormies et par des occupations manuelles. Trois ou quatre établissements suffiraient, en France, à grouper ces malheureux qui, en raison même de leur état, les privant des joies ordinaires de la vie, doivent trouver, grâce à nos efforts, un peu de bien-être matériel.

Quant aux *vieillards* et aux *adultes, aveugles occasionnels* « incapables d'apprentissage à cause de leur faible santé ou de « leur maladresse », ainsi que les désigne M. de la Sizeranne dans son beau livre *Trente ans d'études et de propagande en faveur des aveugles*, on devrait, comme il le dit plus loin, « leur consacrer dans un certain nombre d'hospices, une ou « plutôt des sections, à part, où ils seraient ensemble au réfec- « toire, dans les cours, au dortoir. Au lieu de les laisser dans « l'oisiveté, comme cela arrive très souvent, quand ils sont seuls « dans un hospice de clairvoyants, ne pourrait-on leur procurer « des travaux faciles qu'on leur apprendrait à faire ? »

Il est inutile de créer des hospices spéciaux dont le nombre trop faible étendrait trop loin la circonscription de recrutement. Les frais d'organisation et de fonctionnement en seraient beaucoup trop élevés. Il vaut mieux, comme cela se fait pour certaines infirmités, affecter un pavillon spécial dans un hospice régional important. Une douzaine de groupements, placés dans les grands centres, présenteraient des effectifs suffisants pour se justifier. Leur installation n'aurait rien de spécial, l'aveugle sachant vite se conduire dans une maison connue. Le seul fait d'être auprès de ses compagnons d'infortune, ayant même mentalité et mêmes besoins, d'avoir à sa disposition des distractions possibles, telles que musique, chant, lectures en commun, jeux divers spécialement arrangés, suffirait à son bonheur. Des ateliers où le travail serait facultatif lui permettraient d'occuper les longues heures de la journée ; les produits vendus, par l'administration de l'hospice, sans prélèvement sur les bénéfices, procureraient quelques douceurs à l'hospitalisé. Dans ces conditions, celui-ci ne coûterait pas plus que maintenant : une annuité variant de 600 à 700 francs couvrirait toutes les dépenses.

Resterait enfin à utiliser notre admirable *Hospice National des Quinze-Vingts*. Son mode d'hospitalisation répond trop bien à l'idéal que nous rêvons, l'aveugle restant au milieu des siens, pour que nous ne songions pas à utiliser ses bienfaits. Malheureusement les ressources budgétaires, que nous pourrons demander et obtenir, ne permettront jamais de créer d'autres établissements semblables. Nous respectons trop les lois de la nature pour que nous ne déplorions pas la pénible nécessité où nous sommes de demander l'admission de l'aveugle adulte dans un hospice avec dortoir et réfectoire communs. Comme le dit si bien M. Vaughan : « Il faudra le séparer de sa femme, de ses « enfants, de tout ce qu'il aime. Sa déchéance d'homme et de « père de famille sera complète et bien faite pour le pousser « au désespoir. » Aussi faudra-t-il, en attendant mieux, ne recevoir dans les hospices que les aveugles isolés et réserver « les Quinze-Vingts » *à la troisième catégorie des aveugles adultes*, travailleurs devenus incapables de gagner leur vie, à ceux qui, après une vie de labeur arrivent à la vieillesse. Notre hospice national pourra en recevoir un plus grand nombre que maintenant, car ces vieillards n'auront plus d'enfants à leur charge, tout au plus auront-ils à leur côté la compagne de leur vie. Ils auront là une *maison de retraite*, Terre Promise, où viendront se réfugier leur faiblesse et leurs souvenirs ; ils y finiront une existence, apparue à ses débuts assombrie et semée d'obstacles, mais qui, par l'aide généreuse de leurs frères plus fortunés, se sera écoulée heureuse parce qu'elle aura été utile.

En terminant, je propose au Congrès d'émettre le vœu suivant :

Le Congrès des Typhlophiles, tenu à Paris le 2 mai 1910, heureux de constater les efforts actuels du Gouvernement en vue d'améliorer le sort des aveugles, le félicitant d'avoir proposé à la discussion du Parlement le projet de loi adopté en première délibération à la Chambre des députés, le 22 mars dernier et dont l'honorable M. Chautard a été le distingué rapporteur,.

Espérant que le Sénat ratifiera le vote de la Chambre des députés,

Emet le vœu que ce projet soit bientôt complété par la proposition de loi de M. le sénateur Labrousse, demandant la création et le développement des cliniques ophtalmologiques et des ateliers régionaux, tout en prévoyant l'assistance à domicile et l'hospitalisation des aveugles.

TABLE DES MATIÈRES